权威·前沿·原创

皮书系列为
“十二五”“十三五”国家重点图书出版规划项目

智库成果出版与传播平台

中国社会科学院创新工程学术出版资助项目

经济蓝皮书·春季号
BLUE BOOK OF CHINA'S ECONOMY(SPRING)

2021年中国经济分析

ANALYSIS OF CHINA'S ECONOMY IN 2021

顾　问/李　扬
主　编/李　平
副主编/娄　峰

社会科学文献出版社
SOCIAL SCIENCES ACADEMIC PRESS (CHINA)

图书在版编目(CIP)数据

2021年中国经济分析/李平主编. --北京：社会科学文献出版社，2021.9

（经济蓝皮书春季号）

ISBN 978-7-5201-9036-7

Ⅰ.①2… Ⅱ.①李… Ⅲ.①中国经济-经济分析-2021 Ⅳ.①F12

中国版本图书馆CIP数据核字（2021）第187677号

经济蓝皮书·春季号

2021年中国经济分析

顾　　问／李　扬
主　　编／李　平
副 主 编／娄　峰

出 版 人／王利民
组稿编辑／邓泳红
责任编辑／吴　敏
责任印制／王京美

出　　版／社会科学文献出版社·皮书出版分社（010）59367127
地址：北京市北三环中路甲29号院华龙大厦　邮编：100029
网址：www.ssap.com.cn
发　　行／市场营销中心（010）59367081　59367083
印　　装／天津千鹤文化传播有限公司

规　　格／开　本：787mm×1092mm　1/16
印　张：14.25　字　数：185千字
版　　次／2021年9月第1版　2021年9月第1次印刷
书　　号／ISBN 978-7-5201-9036-7
定　　价／128.00元

本书如有印装质量问题，请与读者服务中心（010-59367028）联系

主要编撰者简介

李 扬 1981年、1984年、1989年分别于安徽大学、复旦大学、中国人民大学获经济学学士、硕士、博士学位。1998~1999年，美国哥伦比亚大学访问学者。

中国社会科学院原副院长。中国社会科学院首批学部委员、经济学部主任，国家金融与发展实验室理事长。研究员，博士生导师。十二届全国人大代表，全国人大财经委员会委员。中国博士后科学基金会副理事长。第三任中国人民银行货币政策委员会委员。2011年被评为国际欧亚科学院院士。

中国金融学会副会长，中国财政学会副会长，中国国际金融学会副会长，中国城市金融学会副会长，中国海洋研究会副理事长。

曾五次获得“孙冶方经济科学奖”著作奖和论文奖。已出版专著、译著23部，发表论文400余篇，主编大型金融工具书6部。主持国际合作、国家及部委以上研究项目40余项。

李 平 中国社会科学院数量经济与技术经济研究所所长、研究员，中国社会科学院重点学科技术经济学学科负责人和学科带头人。中国社会科学院研究生院教授、博士生导师，中国数量经济学会理事长、中国技术经济学会副理事长、中国区域经济学会副理事长。长期从事技术经济、产业经济等领域研究工作，主持参与多项国家重大经济问题研究和宏观经济预测，包括“我国未来各阶段经济发展特征与支柱产业选择（1996～2050）”“中国能源发展战略（2000～2050）”等项目研究；参加“三峡工程”“南水北调工程”“京沪高速铁路工程”等国家跨世纪重大工程的可行性研究和项目论证。国家南水北调工程审查委员会专家，起草南水北调综合审查报告，国家京沪高速铁路评估专家组专家，代表作有《特大型投资项目的区域和宏观经济影响分析》《中国工业绿色转型》《“十二五”时期工业结构调整和优化升级研究》等。

娄　峰　金融学博士，研究员，教授，博士生导师，现任中国社会科学院数量经济与技术经济研究所经济预测分析研究室主任。主要研究领域：经济预测理论及应用、政策仿真模拟。在《中国社会科学》《经济研究》《世界经济》《中国工业经济》《数量经济技术经济研究》等核心期刊发表多篇论文；主持和参与几十项国家社科基金、国家自然基金及部委课题；多次获评部级优秀成果，其中一等奖2项、二等奖6项、三等奖10项，中国数量经济学年会一等奖2项。

摘　要

2021 年是“十四五”规划开局之年，也是实现消除绝对贫困、全面建成小康社会，向着建成社会主义现代化强国的第二个百年奋斗目标迈进的转换之年。随着疫苗的成功研发和广泛接种使用，以及防控措施不断丰富和完善，国内零星散发疫情的负面影响逐步得到控制。但全球疫情，特别是德尔塔变异病毒广泛传播带来的负面影响，以及增发美元导致的通胀，仍然使全球经济具有很大不确定性。

2021 年上半年，全球经济延续复苏势头，大宗商品价格高企，中国进出口增速进一步提高，贸易顺差高于预期，经济容易受到外部冲击，一旦外需明显减弱，我国经济将可能面临较大下行压力，不利于新发展格局的形成。

2020 年中国金融稳定状况好于全球，也好于市场预期。2021 年外部不确定性将给中国金融稳定和金融安全带来更多的挑战，美国实施平均通胀目标制可能引发通胀风险，美国债市场、全球债务风险以及国际重要金融市场动态等可能使得中国金融稳定面临重大的风险，同时可能与内部因素发生共振效应。

预计 2021 年中国经济增长 8.5% 左右，继续保持中高速增长，实现“十四五”规划的良好开局。第三产业增加值占比继续提高，固定资产投资、消费增速均有所回升，但内需总体偏弱，经济增长内生动力不足。促进内需提升经济增长内生动力，应强化政策的持续性、前瞻性，并适当加大支持力度。统筹好发展与安全的关系，加快产业链补短板和锻长板，注重财政、货币、房地产调控、生态环保等政策之间的协调，注重解决小微企业的实际困难。多措并举不断优化消费环境，全面发力持续提振消费信心，加快完善促进消费体制机制，进一步激发居民消费潜力，加快促进农村消费潜力释放，推动助力乡村全面振兴，加快挖掘和培育数字化消费，增强经济发展新动能。

2021 年我国需要继续实施积极有为的财政政策，保持适度的政策强度，进一步优化财政支出结构，切实提高财政资源配置效率和使用效益，通过定向发力、精准施策来增强政策的针对性和有效性，逐步完善税费制度。保持银行体系流动性在总量上的合理充裕和在期限配置上的供需均衡，提升货币政策组合逆周期有效性，引导金融资源有效配置和支持实体经济发展。

关键词： 新冠肺炎疫情　经济增长　金融稳定　实体经济

目　录

Ⅰ　总报告

Ⅱ　宏观运行篇

Ⅲ　综合分析篇

Ⅳ　国际背景篇

皮书数据库阅读**使用指南**

总 报 告

General Report

B.1

中国经济形势分析与预测

——2021 年春季报告

“中国经济形势分析与预测”课题组 *

要点提示

2021 年是“十四五”规划开局之年，是奔向“2035 年远景目标”起步之年，也是两个百年目标交汇与转换之年。随着疫苗的成功研发和投入使用，以及应对疫情的措施和经验不断丰富和完善，疫情的负面影响将逐步得以控制，2021 年全球经济大概率将出现恢复性增长，国际市场需求逐步恢复，消费信心不断增强。

预计2021年中国经济增长8. 5% 左右，增速比上年大幅回升6. 2 个百分点，实现“十四五”规划的良好开局，继续保持在中高速适当的经济增长区间。

---

* 课题总负责人：李平；执行人：娄峰；执笔人：李平、娄峰、万相昱、张延群、胡洁、冯烽、朱承亮、王喜峰、胡安俊、程远、左鹏飞等。

预计2021年第三产业增加值占比继续提高，固定资产投资、消费增速均大幅回升，进出口增速进一步提高，贸易顺差基本稳定；CPI下降，PPI回升，两者之间的剪刀差有所缩小，居民收入稳定增长。

预测2021年固定资产投资（不含农村）总额将达到62.1万亿元，名义增长9.4%，增速比上年增加6.5个百分点，剔除基数因素总体仍然保持适中较快增长态势。从结构上看，制造业固定资产投资增长15.6%，基础设施投资增长4.2%，房地产固定资产投资增长9.2%，2021年房地产和制造业投资成为稳增长的主要动力之一，民间投资增速将达到10.2%，显著高于上年增速。

预计2021年社会消费品零售总额将达到45.7万亿元，名义增长16.7%，增速比上年大幅增加20.6个百分点，实现从负转正；扣除价格因素，实际增长15.1%，扣除基数因素总体保持平稳增长态势。从内需结构上看，2021年最终消费支出对国内生产总值增长的贡献率为65.4%，比上年提高0.8个百分点，达到近年来的最高水平。

预计2021年我国出口和进口（以美元计价）分别增长27.7%和31.5%，增速比上年分别大幅回升28.4个和27.9个百分点，全年货物贸易顺差为5951亿美元，比上年增加682亿美元。总而言之，2021年中国经济增长将在新常态下运行在合理区间，就业、物价保持基本稳定。

2021年我国需要继续实施积极有为的财政政策，保持适度的政策强度，进一步优化财政支出结构，切实提高财政资源配置效率和使用效益，通过定向发力、精准施策来增强政策的针对性和有效性，税费政策重点由“减税降费”逐步转向完善税费制度改革。继续相机调控和引导货币信贷总量，积极发挥货币政策结构性工具的作用，保持银行体系流动性在总量上的合理充裕和在期限配置上的供需均衡，改善货币政策组合逆周期有效性，引导金融资源有效配置和支持实体经济。多措并举不断优化消费环境，全面发力持续提振消费信心，加快完善促进消费体制机制，进一步激发居民消费潜力，加快促进农村消费潜力释放，推动助力乡村全面振兴，加快挖掘和培育数字化消费，增强经济发展新动能。

一 当前国际经济环境分析

新型冠状病毒肺炎疫情（以下简称“疫情”）的突发和快速蔓延在全球范围内造成了史无前例的巨大冲击，截至2021年7月中旬，全球累计确诊感染人数超过1.9亿，死亡人数突破405万，全球范围的直接经济损失估计超过12万亿美元，而其次生性灾害的不断衍生恐将显著改变全球经济的复苏态势、基础结构、治理体系和心理预期，预计未来3～5年甚至更长的时间内，全球经济将进入长时间、深层的修复期，而考虑到非经济因素的干扰甚至剧烈冲突事件的不确定性，全球经济存在剧烈震荡或者突发性衰退的可能性。

从总体经济形势看，首先，2020年的疫情按下了全球经济的暂停键，各国普遍采取积极应对措施，但可用的资金和资源性储备已捉襟见肘，一方面是原有产业链条加速消亡和新经济增长潜力不足的并行，另一方面是就业压力突出和悲观消极情绪蔓延的并行，未来全球经济面临动力与阻力的集中较力。其次，国家治理手段的博弈。2020年美国大选的跌宕起伏几乎是疫情背景下不同治理手段政治博弈的典型代表，如何在经济发展、社会稳定、就业保障、物价平稳等多元目标下平衡各方利益诉求，是各国政府面临的重要问题。再次，疫情与抗疫之间的博弈，目前全球对于经济复苏的乐观预计往往与疫苗接种密不可分，然而从疫苗产能、接种速度、保护范围、有效性和安全性以及疫情扩散和病毒变异等多方面因素看，短时间内疫苗和疫情能否决出胜负依然存在较大的不确定性，另外，基于社会心理因素和认知性因素的偏见，部分群体对疫苗的抗拒性心理可能会加剧。最后，全球治理体系的博弈。2008 年国际金融危机以来，全球主要经济体逐步分化为“合作”和“背叛”两大阵营，而未来这两大阵营将呈现反复交织的局面，博弈的结果是促进全球治理协调和经济复苏，还是加剧分裂与对抗，充满不确定性。

在这样的宏观背景下，全球经济未来一方面要加速摆脱陷入持续衰退的被动局面，另一方面要审慎防范次生危害所导致的全球大萧条，同时兼顾全球政治经济博弈的协同性，防范超常规的非经济冲突，避免人类社会的进一步分裂。预计 2021 年，全球经济增速为 4.5% 左右，这不是一个乐观的预期值，是由 2020 年经济衰退形成的计算基值决定的，未来能否出现反弹式的经济复苏很大程度上取决于疫情发展和全球博弈。

从区域看，美国经济受政府大规模刺激计划和疫苗接种带来的信心提振的影响，复苏态势平稳，疫苗接种工作有序推进，人们对经济复苏、市场稳定和就业增长的预期增强。然而，美国的党派问题、种族问题、移民问题、贫富差距问题和就业结构问题等突出，矛盾相互叠加，加剧了美国政治经济的分化甚至对立的态势，而对外的国际关系问题和全球化重构难题也使拜登政府面临诸多挑战。更严重的是，这种过度依赖宽松货币政策释放流动性和全球贸易受阻大宗商品价格低迷的经济复苏模式，无法解决美国经济社会的结构性矛盾，更难以实现本土经济和全球经贸的双平衡。

欧洲经济遭受了空前巨大的冲击，德国、法国、英国等主要经济体均陷入经济衰退，多年来欧洲经济一体化目标不断受挫，欧元区统一的货币体系与各国独立的财政政策相互掣肘，矛盾频仍。

2008年全球经济危机以来，大量注入的多维流动性宽松，并未与实体经济有效融合，而受法规限制，新经济业态也难以成长。疫情的持续蔓延导致各国的经济纾困政策步履维艰，加之国际收支失衡，欧洲各国财政赤字压力空前、债务水平持续升高，外加严重的非经济因素困扰，欧元区甚至整个欧洲经济未来将面临巨大的调整风险。

多年来日本努力追求经济增长的平稳性和经济结构的平衡性。疫情的突发和国际经贸格局的顺势巨变，使得日本不得不更新战略安排，如何应对疫情衍生性经济冲击、如何继续推进结构性经济改革、如何在全球治理特别是周边经贸合作中发挥重要作用，是日本新内阁未来必须直面的严峻考验。以外向型为主的韩国经济受疫情影响巨大，原有优势难以为继，新增长点尚未形成，未来韩国经济发展面临较大的不确定性。深入拓展区域经贸领域的合作，是日韩两国未来战略转型的重中之重。

新兴市场国家和发展中经济体的经济结构失衡，对国际投资和国际市场的依存度过高，而疫情的持续发酵及其次生灾害的演化，对新兴市场国家和发展中经济体造成的冲击必然是结构性和持续性的，“国际贸易萎缩”“大宗商品震荡”“外部投资阻滞”将进一步加剧其国际收支失衡，而加之国内有效需求不足和供给侧产业萎缩，企业经营异常困难，破产风险加大，而政府可用的政策手段日益匮乏，财政状况进一步恶化，“债务违约”将有可能成为困扰新兴市场国家和发展中经济体并严重拖累全球经济复苏的“灰犀牛”事件。审慎应对未来国际大宗商品价格的剧烈波动和未来相当长一段时间内的系统性金融风险，并积极主动地参与国际经济秩序和贸易环境的重构，是新兴市场国家和发展中经济体全球决策的最主要议题。

二　2021年中国经济增长动力分析

（一）有效投资的扩大将加快投资的稳步复苏

在积极的财政政策和稳健的货币政策支持下，2020 年全社会固定资产投资仍实现了 2.9% 的增长；在新冠肺炎疫情冲击下，制造业投资复苏的进度滞后于房地产开发投资与基础设施投资；尽管 2020 年全年制造业投资较上年有所下降，但疫情期间防疫物品缺口和居家办公新需求刺激了高技术制造业的投资，2020 年高技术制造业投资比上年增长 11.5%，其中，医药制造业投资增长 28.4%，计算机及办公设备制造业投资增长 22.4%，电子及通信设备制造业投资增长 8.2%；民生领域投资的拉动作用也是一大亮点，社会领域投资比上年增长了 11.9%，疫情期间医疗卫生和在线学习的需求大幅增加，客观上拉动了教育和卫生的投资，分别比上年增长 12.3% 和 29.9%。

2021 年政府工作报告把扩大有效投资作为“坚持扩大内需这个战略基点，充分挖掘国内市场潜力”这项重点工作的主要抓手，并计划在区域协调发展重大工程、推进“两新一重”建设、建设信息网络等新型基础设施、发展现代物流体系、惠及民生项目等方面加大投资力度。后疫情时代，政府财政支出重新转向扩内需，新基建投资力度显著加大。制造业 PMI 自 2020 年 3 月后持续位于枯荣线之上，制造业投资稳步增长。受“房住不炒”和“因城施策”的调控政策影响，房地产企业面临较大的资金压力，投资可能会下降，但中央重点推进大城市政策性租赁住房建设，增加租赁住房用地，因此，2021 年房地产投资虽有下行压力，但增速不会有太大幅度的下降。此外，随着支持社会资本参与政策的完善，民间投资将明显增加。预计 2021 年固定资产投资（不含农村）总额名义增速达到 9.4%。

（二）消费市场的下沉和消费环境的改善将加快消费恢复性增长

网络购物、无接触配送、直播带货等新模式在防疫保供、助力复工复产、推动消费复苏等方面发挥了重要作用，特别是催生了在线教育、在线医疗、在线文娱、线上健身、生鲜电商等新业态的快速发展，这些新型消费成为新的消费增长点。而且，随着城乡流通体系的进一步健全和就地城镇化日趋广泛，电商、快递逐步走向农村，农村消费环境的极大改善促进了汽车、家电等大宗商品向农村消费市场下沉延伸，进而扩大县乡消费。随着经济社会的不断发展，过去以满足基本生活需求为主的传统消费向以满足人们美好生活需求为主的新型消费转变，特别是5G、人工智能、大数据、云计算等新一代ICT与产业的渗透发展，以及各种产品走向数字化、智能化和个性化，极大地激发了潜在的市场需求，产生了许多新的消费场景，进一步加快了消费的复苏和升级。预计2021年全年消费的实际增长率达15.1%。

（三）海外市场产需缺口较大将拉动出口强劲增长

尽管中美贸易摩擦依旧、疫苗接种促使全球生产逐步回归正常，但2021年海外市场仍存在较大的产需缺口，我国凭借高效的疫情防控、强大的生产能力和良好的国际声望将继续吸引大量的海外订单。随着“一带一路”建设的持续推进，加之《区域全面经济伙伴关系协定》正式签署和“中欧投资协定”谈判完成，一系列关税互惠举措陆续出台，贸易环境的改善将加速出口回暖。考虑到全球疫情防控形势向好、主要经济体继续实现量化宽松政策、人民币升值等因素将给我国进口带来利好，加之2020年出口基数较低，预计2021年我国出口增长率达到27.7%，出口增速实现由负转正。

（四）数字经济的迅猛发展将推动我国经济高质量发展

随着科技水平的提高和国家数字经济发展战略的推进，特别是前瞻性的数字基础设施建设政策的全面实施，技术创新和场景融合“双轮驱动”，成功地将我国超大规模市场转化为数据红利。我国数字经济规模位居全球前列，对 GDP 增长的贡献率不断提升。数字经济的蓬勃发展极大地促进了我国消费端统一大市场的形成和零售业的现代化，为构建以国内大循环为主体、国内国际双循环相互促进的新发展格局奠定了坚实的基础。展望 2021 年，数字化将继续渗透至生产、服务、消费等环节，传统工艺与新兴业态将深度融合，中国数字经济规模将进一步发展壮大，并将赋能经济的加速复苏。2021 年我国经济利好因素占优，但仍面临新冠肺炎疫情的较大不确定性、世界经济形势依然复杂严峻、消费恢复滞后于生产恢复、企业活力不足等诸多困难。

三　2021年中国经济预测分析

在极其不平凡的 2020 年，中国在党中央的坚强领导下，经济增长率、失业率、通胀率及国际收支等经济指标均好于预期，其中，GDP 增长 2.3%，成为全球极少数实现正增长的主要经济体，为“十四五”发展奠定了良好的基础。目前，国内新冠肺炎疫情防控形势向好，同时，随着中国多款新冠疫苗获批上市和全民“应接尽接”，企业陆续复工复产，消费有望加快修复，市场信心将得到提振，此外，国际上多款新冠疫苗的上市，有利于全球经济复苏。超大规模的国内市场、比较完整的产业链和供应链体系以及强大的生产与配套能力，使中国具备较强的经济韧性，也为中国应对外部冲击、实现经济稳定增长提供了足够的抗风险能力。《区域全面经济伙伴关系协定》

（RCEP）的签订、“中欧投资协定”谈判如期完成以及“一带一路”建设的深入推进，增加了中国外部市场的稳定因素。高质量发展主题将继续贯穿于整个“十四五”期间，发展的质量和效益问题被摆在更为突出的位置，工作重心也将落在畅通国内经济大循环上，贯彻新发展理念、构建新发展格局将推动改革向更深层次挺进，政策红利将逐步释放。中国政府经济调控手段的逐渐成熟和宏观把控能力的日臻完善，对持续增强经济发展的动力和活力将起到积极的作用。

根据中国宏观经济季度模型预测，2021 年我国 GDP 增长率为 8.5%左右，比上年大幅回升 6.2 个百分点。值得注意的是，2021 年经济增速的大幅回升，其原因之一是上年基数过低，并非是经济增长的中长期趋势。另外，从中国社会科学院数量经济与技术经济研究所的中国经济先行指数（该指数由 24 个子指标构成）来看，我国 GDP 增速先高后低。对于固定资产投资、消费、进出口、物价等的进一步分析预测如下。

2021 年第二季度，我国三次产业、四大区域（东部、中部、西部、东北地区）、三大领域（基础设施、制造业和房地产）的固定资产投资增速均呈现两位数大幅反弹趋势；2021 年初的政府工作报告明确提出要推进“两新一重”建设，实施一批交通、能源、水利等重大工程项目，建设信息网络等新型基础设施，且安排地方政府专项债券、中央预算内投资予以有力支撑。《中华人民共和国国民经济和社会发展第十四个五年规划和 2035 年远景目标纲要》明确提出，要统筹推进传统基础设施和新型基础设施建设，打造系统完备、高效实用、智能绿色、安全可靠的现代化基础设施体系，围绕强化数字转型、智能升级、融合创新支撑，布局建设信息基础设施、融合基础设施、创新基础设施等新型基础设施，加快交通、能源、水利、市政等传统基础设施数字化改造，适度超前布局战略导向型、应用支撑型、前瞻引领型、民生改善型等国家重大科技基础设施。可见，2021 年乃至整个“十四五”期间我国将面临非常有利的投资政策环境，随着稳投资政策的持续发力显效，加之投资到位资金的保障有力，投资对经济恢复增长的拉动作用将会越来越显著。另外，政府工作报告强调要简化投资审批程序，推进实施企业投资项目承诺制，深化工程建设项目审批制度改革，完善支持社会资本参与政策，进一步拆除妨碍民间投资的各种藩篱，在更多领域让社会资本进得来、能发展、有作为。可见，通过充分发挥市场在资源配置中的基础性作用以及更好地发挥政府的作用，通过有效市场配置和有为政府改革的双重叠加，投资环境将进一步优化，将会极大激发市场主体投资活力。通过对投资环境的分析发现，虽然宏观环境依然复杂严峻，但受到有利政策环境和有为政府改革影响，2021 年我国投资环境将进一步优化，投资仍将是拉动我国经济增长的主要动力。据测算，2021 年，固定资产投资（不含农村）总额名义增速约为 9.4%，比 2020 年的 2.9% 提高 6.5 个百分点，不仅投资增速快速反弹，而且投资结构持续优化；2021 年，房地产固定资产投资名义增速约为 9.2%，比 2020 年的 7.0% 提高 2.2 个百分点；基础设施固定资产投资名义增速约为 4.2%，比 2020 年的 3.4% 提高 0.8 个百分点；制造业固定资产投资增速转负为正（2020 年为 -2.2%），名义增速约为 15.6%。国民经济的逐步恢复以及稳投资政策的持续显效，将会显著增强民间投资信心，极大激发民间投资活力；2021 年，民间投资名义增速约为 10.2%，比 2020 年的 1.0% 提高 9.2 个百分点。

2020 年，我国消费市场稳步复苏，最终消费占 GDP 比重达到 65.4%，仍然是支撑我国经济持续健康发展的重要引擎。同时，受新冠肺炎疫情等影响，2020 年我国社会消费品零售总额首次出现了下降，增速同比下降 3.9%，人均消费支出也比上年实际下降 4.0%。随着全国疫情防控、经济复苏形势持续向好，援企纾困政策持续发力，乡村消费市场持续开拓，传统消费与新型消费持续融合，2021

年我国消费将呈现恢复性快速增长态势。但是现阶段我国消费市场发展仍面临一些不利因素：第一，新冠肺炎疫情形势依然严峻，不确定性加大。疫情仍在全球蔓延，截至 2021 年 7 月中旬，全球累计确诊新冠肺炎病例已超 1.9 亿例。据 IMF 预测，2020 ~ 2021 年，疫情将导致全球 GDP 累计损失超 12 万亿美元。同时，保护主义、民粹主义等逆全球化浪潮日益高涨，给全球产业链、供应链带来持续冲击，加之国内疫情零星散发，国内外形势依然复杂严峻，这在一定程度上抑制了我国的消费复苏。第二，居民可支配收入水平总体不高且不均衡。居民可支配收入是决定消费水平的根本因素。近年来，我国居民可支配收入保持较快增长，但仍与欧美发达国家存在较大差距。同时，居民可支配收入不均衡问题仍较为突出，2020 年全国前 20% 高收入居民组收入为后 20% 低收入居民组的 10.2 倍，城镇居民人均可支配收入是农村居民的 2.56 倍。第三，公共服务能力仍需提升。公共服务能力直接影响消费者预期支出。近年来，我国公共服务能力和水平明显提升，但医疗、养老、教育、住房等公共服务水平与人民群众期待相比仍存在较大差距，这也在一定程度上影响了居民消费信心。具体从养老问题来看，2019 年我国 60 岁及以上人口达到 2.54 亿，其中失能半失能老年人大概有 4400 万，2025 年 60 岁及以上老年人口将突破 3 亿，整个养老市场对护理人员的需求约为 1300 万，而目前实际从业人员只有 30 万左右，远不能满足养老服务需求。2021 年，消费升级的趋势仍将持续，政府更加重视发挥消费对经济的拉动作用。消费升级将推动各种资源要素汇聚融入实体经济，促进存量资源进一步优化配置、优质增量资源进一步扩充，可以靶向破解实体经济发展难题，从而熨平全球疫情以及经济结构调整升级带来的负面冲击。预计 2021 年社会消费品零售总额将达到 45.7 万亿元，名义增长 16.7%，增速比上年大幅增加 20.6 个百分点，实现从负转正；扣除价格因素，实际增长 15.1%，扣除基数因素总体保持平稳

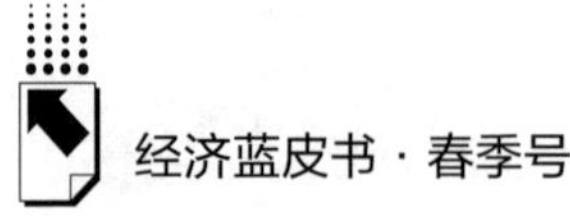

增长态势。

中国迅速有效地控制了新冠肺炎疫情，复工复产有序展开，而主要经济体的疫情仍在蔓延，复工复产步伐延缓。在此背景下，中国对其他国家的出口存在较大的替代效应，2020 年，中国外贸进出口情况好于预期，全年进出口、出口总值创历史新高，贸易顺差同比增长 27%。2021 年，随着新冠肺炎疫情逐步得到控制，世界经济总体发展环境将有所改善，市场需求逐步恢复；同时，《区域全面经济伙伴关系协定》的签署、“中欧投资协定”谈判完成和“一带一路”建设等将给我国对外贸易带来活力，促使我国对外贸易格局越来越多元化。但值得注意的是，疫情带来严重的失业问题，使西方国家经济不平衡问题恶化，促使偏激的民粹主义抬头，并对国外进口产生抵触情绪，这对我国对外贸易构成较大挑战。另外，拜登政府上任以来，并没有取消特朗普政府遏制中国的相关措施，中美贸易摩擦直接导致中美之间的贸易风险加大。预计 2021 年我国出口和进口（以美元计价）分别增长 27.7% 和 31.5%，增速比上年分别大幅回升 28.4 个和 27.9 个百分点，全年货物贸易顺差为 5951 亿美元，比上年增加 682 亿美元。

目前，影响物价变动的主要因素包括：一是进口价格和 PPI 引起 CPI 上涨的动力不足。为应对疫情，各国均推出宽松货币政策，以增加流动性，世界经济复苏预期强劲，国际流动性过剩，以原油和铜为代表的金属类大宗商品价格连续上涨。我国 70% 以上的原油依靠进口，50% 的铁矿石需要进口，因此，国际大宗商品价格的大幅上涨会通过进口输入的渠道对国内 PPI 产生显著影响，PPI 上升会直接引起固定资产投资价格及原材料成本上升，从理论上讲，存在最终传导至 CPI 的可能，这是目前对通胀的一个担心，但由于短期的原油价格还是由供求决定的，不具备大幅上涨的基础，同时人民币对美元汇率 2020 年升值 6.47%，抵消了部分进口价格的上涨。另外，我国工业产能充足，总体上供给大于需求，从 PPI 向 CPI 传导的动力不足。因此，PPI 上涨会部分传导至下游的 CPI 价格，但由此引发严重的通货膨胀的可能性并不大。二是超额流动性对 CPI 的影响。从货币政策角度看，央行配合对抗疫情措施实施宽松的货币政策，2020 年 M2 和社会融资规模存量的同比增速有较大幅度的提升，M2 增长 10.1%，远远超过 2.3% 的 GDP 增长速度，存在显著的过剩流动性。随着疫情得到有效防控，经济活动趋于正常，货币政策已经由宽松向常态化转变，2 月开始央行连续净回笼资金，M2 和社融存量的增速见顶回落，都出现下降的趋势，银行间市场资金利率抬升，流动性保持紧平衡。伴随经济向潜在产出水平回归，货币政策逆周期调节的必要性逐步下降，预计 2021 年货币政策将继续向常态化回归，货币政策大概率保持稳健中性的主基调，货币和信用组合整体呈现“稳货币 + 结构性紧信用”格局，超额货币引起 CPI 通胀的可能性不大。三是收入上涨对 CPI 的影响。受疫情影响，2020 年我国居民人均可支配收入出现大幅下降，实际增长 2.1%，在整体居民收入增速放缓的情况下，个人所得税上升 11.1%，说明低收入居民的收入受到的负面影响更大。疫情期间相比大企业，中小企业受到的负面冲击更大，2021 年整体就业形势严峻，大学生毕业人数创新高，农民工外出就业人数增速持续下行。中央政治局会议强调“稳就业”“要把稳就业放在突出位置，实施就业优先政策”。在严峻的就业形势下，预计工资和可支配收入难以大幅上涨，低迷的收入增速对 CPI 增长产生向下的压力。四是食品价格对 CPI 的影响。受疫情影响，一些国家出台了限制粮食出口的政策，这在一定程度上造成了国际市场的粮食供给减少，以及因抢购而引发的短期价格上升，进而有可能推高国内粮食的进口价格。但是总体来看，我国粮食价格将保持基本平稳。据商务部介绍，我国粮食自主率高，对国际市场的依赖程度较低。近几年我国粮食生产连年丰收，储备充足，价格长期稳定，2020 年我国粮食丰收。国际粮食价格波动会引起进口依赖度较高的个别品种如大豆价格的波动，但我国粮食自给率高，储备充足，国际粮价波动对国内粮价产生的影响总体是可控的。从季度走势看，受2020年上半年CPI增速较高的影响，其呈现明显的前高后低的走势。综合上述影响因素，全年CPI增长1.6%左右，低于2020年2.5%的水平，处于央行的调控目标之内。

预计2021年农村居民人均纯收入实际增长和城镇居民人均可支配收入实际增长分别为7.9%和7.0%，农村居民人均纯收入实际增速持续十三年高于城镇居民人均可支配收入实际增速；财政收入21.5万亿元，增长17.5%，财政支出25.2万亿元，增长2.8%；财政收支差额为-3.76万亿元，比上年缩小了2.5万亿元。

总之，2021年中国经济增速将在新常态下运行在合理区间，就业、物价保持基本稳定，中国经济不会发生硬着陆。表1列出了2021年我国经济主要指标的预测结果。

表1　2021年中国经济主要指标预测

指标名称	2020年统计值	2021年预测值
1. 总量		
GDP增长率(%)	2.3	8.5
2. 产业		
第一产业增加值增长率(%)	3.0	5.6
第二产业增加值增长率(%)	2.5	9.4
第三产业增加值增长率(%)	2.1	8.3
第一产业对GDP增长的拉动(百分点)	0.6	0.3
第二产业对GDP增长的拉动(百分点)	0.3	4.2
第三产业对GDP增长的拉动(百分点)	1.5	4.0
第一产业贡献率(%)	24.7	3.4
第二产业贡献率(%)	12.2	49.9
第三产业贡献率(%)	63.1	46.7

续表

指标名称	2020 年统计值	2021 年预测值
3. 投资		
固定资产投资(不含农村)总额(亿元)	567471	620813
名义增长率(%)	2.9	9.4
房地产固定资产投资(亿元)	141448	154461
房地产固定资产投资名义增长率(%)	7.0	9.2
基础设施固定资产投资(亿元)	188258	196165
基础设施固定资产投资名义增长率(%)	3.4	4.2
制造业固定资产投资(亿元)	213773	247122
制造业固定资产投资名义增长率(%)	-2.2	15.6
4. 消费		
社会消费品零售总额(亿元)	391980	457253
名义增长率(%)	-3.9	16.7
城镇社会消费品零售总额名义增长率(%)	-4.0	16.8
农村社会消费品零售总额名义增长率(%)	-3.2	15.5
5. 外贸		
进出口总额(亿美元)	46534	60191
进出口增长率(%)	1.6	29.3
进口总额(亿美元)	25902	27124
进口增长率(%)	3.6	31.5
出口总额(亿美元)	20632	33075
出口增长率(%)	-0.7	27.7
货物贸易顺差(亿美元)	5269	5951
6. 价格		
工业出厂品价格指数上涨率(%)	-1.8	6.8
居民消费价格指数上涨率(%)	2.5	1.6
核心 CPI 上涨率(%)	0.8	0.6
GDP 平减指数(%)	0.7	3.6
7. 居民收入		
城镇居民人均可支配收入实际增长率(%)	1.2	7.0
农村居民人均纯收入实际增长率(%)	1.4	7.9

续表

指标名称	2020 年统计值	2021 年预测值
8. 财政收支		
财政收入(亿元)	182895	214902
财政收入增长率(%)	-3.9	17.5
财政支出(亿元)	245588	252464
财政支出增长率(%)	2.8	2.8
财政收支差额(亿元)	-62693	-37563
9. 货币金融		
新增贷款(亿元)	196329	218216
M2(亿元)	2186796	2389290
M2 增长率(%)	10.1	9.3
各项贷款余额(亿元)	1727452	1945668
各项贷款余额增长率(%)	12.8	12.6
社会融资总额(亿元)	348634	323027

四　经济运行主要风险分析

2021 年，虽然我国新冠肺炎疫情得到有效控制，疫情传播途径基本被阻断，生产生活秩序基本恢复，取得的成绩弥足珍贵，但国外疫情发展形势依然严峻，存在很大不确定性，部分国家甚至有出现二次疫情高峰的风险，因此，就世界经济而言，疫情影响可能是一个中长期过程。总体而言，我国目前存在以下主要风险。

第一，外部的风险依然复杂严峻。一是当前欧美发达国家金融市场与实体经济严重背道而驰，推高资本市场风险。面对新冠肺炎疫情造成的经济衰退，各国央行均采用宽松的货币政策以稳定经济，美国更是采取了无限制量化宽松政策，加上近期拜登政府提出的 1.9 万亿美元刺激方案，使得美国政府债务占GDP的比例高达130%，远超所有发达国家，与此同时，利率下降至零甚至为负，导致资本市场的资产定价基准扭曲，比特币疯狂，大宗商品暴涨，持续推高股市的泡沫，为此，一旦国外金融市场泡沫破灭可能导致风险输入。二是资本外流风险。在低利率和全球流动性泛滥背景下，我国境内外政策差异引发资本过度流入，而后疫情时代，美国和其他发达经济体将通过提高政策利率和收紧银根实现货币政策常态化，若我国未来经济恢复不及预期，跨境资本流向逆转和突停的风险将增大，一旦资本大量流出，金融市场的震荡将加剧。三是国际供应链断裂风险。受各种因素的影响全球产业链和供应链将出现新的形势。现代全球产业链和供应链提高了经济效率，但也产生了不可预测的脆弱性，一旦链条上任何一个环节断裂，上游和下游的供应商和消费者都会被波及。

第二，中小企业生存问题仍然是2021年经济工作的风险点。疫情等对经济的冲击具有长期性和结构性，当前企业普遍杠杆率上升和盈利能力下滑，部分实体企业经营状况恶化，甚至有相当部分企业可能面临破产重整或破产清算，还款困难，银行不良贷款增加在所难免；受全球疫情不确定性、产业链供应链阻隔等传导因素影响，财政与货币政策双管齐下，降低了贷款成本，实施了债务展期，但巨大产出缺口，势必会推高金融风险总体水平；更为严重的是，实体经济的收益率普遍低于金融资产的回报率，加之宽松的流动性使得部分释放的流动性从实体经济转向虚拟经济，导致企业金融化、金融“脱实向虚”严重，进一步推升资产泡沫。

第三，金融体系自身脆弱性增加。大规模的财政刺激政策、扩张性货币政策，以及金融监管层面的放松，极易导致中长期风险的积累。一是银行业风险集聚。疫情冲击对银行业资产质量造成负面影响，中长期而言银行业将面临较多不良资产增加及处置问题。后疫情时代，由进一步宽松的货币政策造成的低利率使银行存款成本降无可降，贷款利率的下降将无法被对冲，结果将对商业银行净息差及盈利能力造成负面影响。同时，在流动性充裕背景下，由于一些监管制度的缺失或者欠完善，一些银行机构偏离了服务实体经济的宗旨，盲目追求规模、无序扩张，违法违规经营行为增加，出现跨区域经营、触碰监管红线等违法违规经营问题，加剧金融的“脱实向虚”，增加了金融机构经营风险，给金融风险防控埋下隐患。二是金融科技领域的风险。在商业利润最大化的原则下，部分金融科技公司不适当逐利，以小贷、ABS、联合贷等金融工具实现产业金融化、杠杆化，具体体现为非法集资和产业退出风险。金融科技的风险，通过各领域产业链，叠加了传统金融、信息科技与赋能产业的多层次风险，复杂多变，系统性风险隐现。后疫情时代，在全球经济衰退、大宗商品价格进入上涨周期、资本外流加剧等因素的相互交织下，全球经济复苏有较大的不确定性。长期来看，如何在保持金融稳定的前提下，平衡好金融风险防范与服务实体经济之间的关系，防止金融脱实向虚、增强金融体系对实体经济的支持仍将面临严峻考验。

五　政策建议

2021 年，尽管国际经济不稳定性和复苏进程不确定性明显增加，但我国经济应对外部冲击的能力增强，为确保我国经济实现平稳较快高质量增长，需要继续实施适度积极的财政政策，调整优化财政支出结构和增加资金效益，并由减税降费逐步转向完善税费制度；货币政策需要继续相机调控和引导货币信贷总量，积极发挥货币政策结构性工具的作用，疏通从政策利率到市场利率的传导机制，引导金融资源有效配置和支持实体经济发展。

（一）宏观政策要保持稳定性、可持续性，不急转弯，把握好政策时度效

2021 年我国处于逆周期调节和跨周期设计的特殊时期。一方面，全球经济恢复的不确定性持续增加，全球供应链、产业链依然不稳定；国际疫情发展和世界经济复苏存在诸多不确定性，疫情导致的各类衍生风险不容忽视。另一方面，我国经济依然处于恢复阶段，虽然 2021 年我国经济增速为 8.5% 左右，但扣除基数因素，经济增长率明显低于潜在经济增长率，同时我国经济恢复面临诸多结构性风险：宏观杠杆率持续攀升，加大资产泡沫风险；区域经济发展分化，地方债务风险聚集；小微企业和个体户生存困难；疫情反弹对消费和投资信心等产生负面影响。在这种国际国内背景下，我国需要保持对经济恢复的必要支持力度，继续实施积极的财政政策和稳健的货币政策，在政策操作上要更加精准有效，不急转弯，把握好政策时度效。

（二）继续实施积极有为的财政政策，保持适度的政策强度

为了抵御突如其来的疫情对经济和社会造成的重大冲击，2020 年我国实施了高强度的积极财政政策，赤字率达到了近年来最高的 3.6%。从国内外形势来看，2021 年我国仍需实施积极有为的财政政策，但是强度应当有所减弱。一方面，我国近年来连续实施扩张性财政政策，财政收支形势严峻，预算平衡难度进一步加大，债务等重点领域风险也不容忽视。在国内疫情得到有效控制、生产经营秩序基本恢复、各项经济指标持续向好的背景下，需要降低积极财政政策的强度，提高其可持续性。另一方面，当前疫情发展和外部环境存在诸多不确定性，世界经济形势仍然复杂严峻，我国经济恢复基础尚不牢固，同时现阶段工作的重要任务仍然是推动经济高质量发展。因此

2021 年我国需要继续实行扩张性货币政策，并保持适度的政策强度，避免政策急转弯，以化解疫情和外部环境的不利因素，进一步激发市场经济微观主体活力，挖掘内需潜力，实现经济社会持续健康发展。我国 2021 年需要实行积极的财政政策，保持政策的连续性和稳定性，保持对经济恢复的必要支持力度，兼顾稳增长和防风险需要，合理安排赤字、债务、支出规模。将赤字率降低到 3.2% 左右，减少新增地方政府专项债券规模，停止采取发行抗疫特别国债等与疫情有关的临时措施。

（三）调整优化财政支出结构，切实提升政策效能和资金效益

充分发挥积极财政政策的作用，进一步向内挖潜，优化财政支出结构。一方面新增财政赤字、动用历年结转结余资金等一次性措施增加的收入大幅减少，导致实际可用的财力总量增幅较小，另一方面财政支出增长刚性较强，各领域资金需求加大，实施“十四五”规划、构建新发展格局，以及乡村振兴、污染防治、教育科技等重点和刚性支出都需要加强保障，因此必须加强财政资源统筹，坚持以供给侧结构性改革为主线大力优化支出结构，通过定向发力、精准施策来增强政策的针对性和有效性，提高财政资源配置效率和使用效益，从而发挥推动经济高质量发展、促进人民生活改善的政策作用。

1. 压减一般性财政支出

主动调减一般性支出以压低公共产品供给成本，坚持以收定支的基本原则，运用零基预算理念科学核定支出。中央本级要大幅压减非急需非刚性支出，重点项目和政策性补贴也按照从严从紧、能压则压的原则审核安排，地方财政也要进一步压减一般性支出；控制“三公”经费预算，精简机构人员，取消低效无效支出，控制政府机关会议差旅等经费，严控新建、扩建政府性楼堂馆所；将财政资金更多

投向供需共同受益、具有乘数效应的先进制造、民生建设、基础设施短板等领域。

2. 推动创新发展和产业升级

我国科研创新能力与国外先进水平相比仍存在较大差距，需要支持和引导性的财税资金和政策激发企业和人才创新活力，以缩小半导体、装备制造等先进制造业与世界领先水平的差距，推动实现国内产业链和供应链的优化升级和自主可控。因此需要继续增加科技创新投入，保障国家重大科技任务经费，鼓励支持基础研究、原始创新性研究，加快建设重点领域的国家实验室体系；支持国有企业提高自主创新能力，完善中小微企业创新补偿政策，发挥政府性融资担保机构的作用，引导企业成为技术创新的主体；推动制造业高质量发展，加大对先进制造业和战略性产业的支持力度，提高企业技术水平和创新能力；实施产业基础再造工程，加快构建自主可控、安全稳定的产业链和供应链；发挥政府投资基金引导作用，引导资本、资源向战略关键领域聚焦，推动产业链和供应链优化升级。

3. 推进中心城市群建设，推进中西部等欠发达地区的基础设施建设

目前我国中西部等欠发达地区的基础设施、交通系统设施较为落后，中心城市群的快速发展也产生了巨大的投资建设需求。推进城镇化和交通基础设施建设不仅可以提高人民生活质量，满足地区经济发展需求，而且能提高地区的发展潜力。因此需要推进中心城市群、中西部等地区发展；支持实施城市更新行动，推动城镇老旧小区改造；推进铁路、公路与水运、机场、水利等交通系统的基础设施建设；支持资源枯竭城市转型和兴边富民行动。

4. 推进乡村振兴战略

全面实施乡村振兴战略对于促进城乡协调发展，提升区域经济发展平衡性，推动公共服务普惠普及，加快构建新发展格局，提高粮食

和重要农产品保障能力具有重要意义。推进高标准农田和农田水利设施建设，强化耕地保护和地力提升，完善农产品补贴与收储机制，巩固生猪生产恢复势头；推动农业高质量和现代化发展，加大农机购置补贴力度，支持高端智能、丘陵山区农机装备研发制造；完善农业社会化服务体系，着力构建现代农业经营体系，加强基层农技推广体系建设，提高科技对农业的支撑能力，提升农业绿色发展水平；构建完善的乡村振兴与城乡区域融合发展的财政政策支持体系和机制，强化农村基础设施建设，完善农村基本公共服务体系。

5. 推动绿色低碳发展

绿色低碳发展对提高人民生活质量、促进经济社会可持续发展具有重要意义，要坚持资金投入同污染防治攻坚任务相匹配，大力推动绿色低碳发展。推进重点生态保护修复，引导重点生态功能区保护生态环境、提供生态产品；推动优化产业结构和能源结构，支持风电、光伏等可再生能源发展和非常规天然气开采利用；加强污染防治，推进天然林资源保护、退耕还林还草等重大工程，强化推进森林、草原、湿地、沙化土地及重点生态地区的保护修复和治理。

6. 进一步保障和改善民生

稳定和扩大就业，支持企业稳定现有就业岗位，加强职业技能培训提升服务和再就业服务，统筹用好就业补助和失业保险资金；促进教育高质量发展，推动义务教育优质均衡发展和城乡一体化，健全教师工资待遇保障长效机制；提高社会保障水平，完善基本养老金制度，推进养老服务体系建设，做好生活困难人群基本生活保障工作；强化卫生健康投入，继续做好疫情防控相关工作，推动建设现代公共卫生医疗体系。

（四）税费方面的政策重点由减税降费逐步转向完善税费制度

经过连续多年的大规模减税降费，我国税收收入占 GDP 的比重持续下降，财政可持续问题日益凸显。2021 年我国税费政策重点应由“减税降费”逐步转向完善税费制度，从而在保证财政可持续性的同时继续缓解企业负担，增强内循环发展动力，提高对经济社会发展和产业结构升级的支持作用。

第一，持续推进减税降费政策，激发市场主体活力。综合考虑财政承受能力和实施助企纾困政策需要，保持一定的减税降费力度，努力减轻企业税费负担，同时应更加关注重点行业、小微企业和环保企业，进一步提升减税降费实施效果。继续减轻小微企业和个体工商户税费负担，激发市场主体活力；加大对科技创新的政策扶持力度，做到稳增长和调结构并重，切实推动产业转型升级；扩大环境保护、节能节水等企业所得税优惠目录范围，加大税收支持力度，培育壮大节能环保产业，推动我国经济社会绿色发展。

第二，完善各级政府的财政关系。目前在各级政府之间存在财权和事权不匹配问题，下级政府普遍财政支出较高而财政收入较低，恶化了地方财政状况，降低了地方政府进行经济建设和民生保障的能力。同时，受到经济发展水平影响，不同地区政府财力也存在较大差异。因此应当统筹权衡分配各级政府的财权和事权，在各级政府之间建立权责清晰、财力协调、区域均衡的财政关系，从财政事权和支出责任划分、地方税收体系建设和转移支付制度建设三个方面对财政制度进行完善。完善各级政府的财政关系，落实中央与地方财政事权和支出责任划分改革方案；健全地方税收体系，优化中央与地方政府税收分配方式；完善转移支付制度，中央财政压减本级、调整结构，扩大对地方转移支付规模，保障基层的基本民生、工资和基本运转支出；建立常态化直达机制，完善直达资金管理制度，健全直达资金监控体系，进一步提高财政资金绩效。

第三，更加突出绩效导向。构建全方位、全过程、全覆盖的预算绩效管理和监督体系，将绩效管理实质性嵌入预算管理流程，强化绩效目标管理，提高绩效评价质量，加强绩效结果应用，提升财政管理效能和资金绩效。

第四，主动挖潜，提高国有企业经营效益，盘活各类存量资金和国有资源资产，扩大可用财政资金规模。推进深化国资国企改革，推动国有重点金融机构改革，健全国有金融资本授权经营体制和激励约束机制；完善国有资产管理情况报告工作机制和成果运用。

（五）改善货币政策组合逆周期有效性

1. 保持银行体系流动性在总量上的合理充裕和在期限配置上的供需均衡，引导社会流动性同反映潜在产出的名义国内生产总值增速基本匹配

改善货币供应调控机制，综合运用公开市场操作、中期借贷便利、法定准备金率、再贷款再贴现等多种货币政策工具，相机调控保持银行体系在总量和期限配置上的流动性，及时满足金融机构必要的流动性需求。构建中小银行可持续的资本补充体制机制，防范地方政府和市场主体可能的违约问题向中小银行的传导。加大对中小银行发行永续债等资本补充工具的支持力度，提升银行服务实体经济和防范化解金融风险的能力。

2. 积极发挥货币政策结构性工具的作用，引导信贷支持稳增长、促进结构优化

增强货币政策结构性工具的作用，运用再贷款、再贴现和抵押补充贷款等信贷支持工具，发挥信贷政策的结构引导作用，保持制造业中长期贷款稳定增长，支持传统制造业智能化发展和转移升级，加大对战略性新兴制造业的贷款支持和创业板支持力度，引导金融机构加大对符合新发展理念相关领域的支持力度，引导金融机构加大对小微、民营企业、“三农”、扶贫等国民经济重点领域和薄弱环节的支持力度。

支持“稳企业”“保就业”、精准扶贫和乡村振兴。增强结构性货币政策工具的作用，要引导信贷支持国内国际双循环。特别地，要创新对新型消费方式、战略性制造业和现代服务业投资激励的信贷支持。

（六）多措并举不断优化消费环境，全面发力持续提振消费信心

1. 加快完善促进消费体制机制，进一步激发居民消费潜力

在构建新发展格局的大背景下，要加快完善促进消费体制机制，营造良好消费氛围，增强消费对经济发展的基础性作用，为加快形成新发展格局提供有力支撑。一是加大政策引导和支持力度，进一步促进消费复苏和潜力释放。要加大对受疫情影响较大企业的政策和资金支持力度，切实解决实体零售、餐饮等中小微企业面临的经营困难，助力打通和破解产业链条上的阻塞环节，引导和鼓励企业加快数字化、网络化、智能化转型升级步伐，提高企业对市场需求的反应能力；要抓紧落实已出台的稳消费、促消费政策举措，积极推动新能源汽车、智能家电、健身器材等重点产品销售，顺应和把握绿色、智能、健康的消费升级浪潮，培育生鲜电商、直播带货等新业态，进一步释放蕴藏的消费潜力、消费热情。二是加大收入分配制度改革力度，进一步拓展居民增收渠道。要研究制定居民增收行动计划，强化工资收入分配的技能价值激励导向，完善各类生产要素由市场评价贡献、按贡献决定报酬的要素报酬机制，积极拓宽不同收入群体的增收渠道、挖掘增效潜力；要加大再分配的力度，有效缩小收入分配差距，进一步壮大中等收入群体规模，促进形成更加合理有序的收入分配格局；要注重应用数字科技手段，构建不同群体的收入数据观测平台，密切关注和及时帮助低收入群体，强化对低收入群体的保障力度。三是扩大公共服务有效供给，进一步增强居民消费意愿。要创新公共服务供给模式，推动形成政府、企业和社会组织等主体共同参与

的多元供给格局，推进公共服务资源共建共享，切实扩大养老、医疗、教育等群众最关心领域的有效供给；要加快完善公共服务标准体系，以标准化促进基本公共服务普惠化，推动实现公共服务供给体系的整体优化。

2. 加快促进农村消费潜力释放，推动助力乡村全面振兴

在我国全面实施乡村振兴战略的背景下，要深度挖掘农村市场，充分释放消费潜力，切实提升农村居民消费质量，让消费成为推进乡村振兴的重要力量。一是破解制约农民增收的体制机制，有效促进农民持续增收。要加大对农业经营主体的支持与帮扶力度，在生产、加工、销售等环节同步发力，加速推进农产品的储存、冷链体系建设，实现城乡生产与消费高效对接，进一步稳定与提升经营性收入；探索建立全国性用工服务平台，鼓励各地按需对接用工单位，组织引导农民外出务工，强化农民职业技能培训，切实提高工资性收入；要持续深化宅基地等领域改革，切实增加农民的财产性收入；要把推进乡村振兴与农村消费市场建设结合起来，鼓励农村电商平台走特色化本地化发展道路，培育和扩大农村消费新模式新业态。二是补齐消费基础设施短板，全面优化农村消费环境。要加快完善乡村基础设施，加快推进县乡村三级现代物流体系建设，着力消除农村快递“最后一公里”堵点；要探索满足乡村发展需要的生活消费服务综合体建设，大力推动乡镇生活服务行业发展；要加大农村消费环境治理力度，建立健全跨部门协同监管机制，加强对集贸市场等乡村消费场所的精细化管理，加大对农村假冒伪劣和不合格商品的打击力度。三是持续加大公共财政投入力度，切实改善农村居民生产生活。要扎实推进乡村振兴战略，统筹乡村产业发展与人居环境整治，整合优化农村地区教育和医疗资源，加快补齐相关领域的民生短板弱项，切实满足农村居民在基础设施、医疗、教育、社会保障等方面日益增长的需要。

3. 加快挖掘和培育数字化消费，增强经济发展新动能

在全球经济数字化转型大背景下，数字化日益成为企业赋能业务转型升级的关键动力。要加大挖掘和培育数字化消费力度，催生和拓展消费新空间，有效释放新型消费红利，更好地发挥消费对经济增长的第一引擎作用。一是加快数字消费基础设施建设，切实支撑数字消费空间拓展。一方面，要加强5G、VR、人工智能、区块链等数字技术应用，促进传统消费基础设施改造升级，加快推动城市商业综合体和商务载体的数字化、智能化、场景化转型；另一方面，要以数字化消费需求为导向，充分做好前期规划和专家论证，打造与数字化消费发展相匹配的现代商贸流通体系，全力推进数字消费基础设施建设。二是加快营造数字化消费环境，有效提升消费的科技感、舒适感、安全感。要以大数据、人工智能、区块链等数字技术手段广泛建立信用应用、优化信用平台，助推社会信用体系建设，加速推动我国信用红利的释放；要加速数字货币研发和布局，推动数字货币在多领域落地和应用创新；加快数字消费产品和服务标准体系建设，建立健全数字化消费的维权体系，完善数字化消费相关政策措施，全力营造安全放心的数字化消费环境。三是加快培育数字化消费新模式，促进新型消费提质升级。要深刻把握我国数字化消费发展潮流，顺应消费升级态势，积极引导和推动数字技术在不同消费场景和细分消费领域的应用，推动线上线下销售渠道高效融合，进一步丰富数字消费服务业态；鼓励和引导数字科技企业向实体经济领域拓展，加强数字消费相关的产品和服务开发，积极培育智能设计、在线学习、远程医疗等消费新模式。

宏观运行篇

Macroeconomy Operation Reports

B.2
2020~2021年经济景气和物价形势分析和预测

陈 磊 朱文洁 孟勇刚*

摘 要: 2020年国民经济在遭遇前所未有的疫情冲击后从第二季度开始步入快速恢复轨道，经济增长进入新一轮短周期的扩张期，11月以后的经济运行回到景气“正常”区间，2021年前两个月的景气水平高于疫情前，反映国民经济基本恢复正常，但需求端的恢复弱于供给端。受基数影响，2021年GDP等主要指标的季度增速将呈前高后低走势，预计全年GDP增长9.3%左右，两年平均增长5.8%左右；全年CPI上涨1.2%左右。宏观调控应保

* 陈磊，经济学博士，教授，东北财经大学经济计量分析与预测研究中心副院长，研究方向：应用数量经济学、宏观经济分析和预测；朱文洁，东北财经大学博士研究生；孟勇刚，东北财经大学经济学院讲师。

持政策的连续性、稳定性与可持续性，继续推进落实“六稳”“六保”政策，同时需处理好恢复经济和防范风险之间的关系。

关键词： 经济周期 景气分析 物价 监测预警

2020 年中国经济经历了极不平凡的一年。突如其来的新冠肺炎疫情给全球经济带来了巨大的冲击，世界经济出现了 20 世纪大萧条以来最严重的衰退，以美国为首的西方国家对我国的遏制打压全面升级。党中央准确识变、科学应变，统筹国内国际两个大局，统筹疫情防控和经济社会发展，国民经济快速步入稳步复苏轨道。在第一季度 GDP 同比下降 6.8% 的情况下，第二至第四季度同比分别实现了 3.2%、4.9% 和 6.5% 的增长，经济逐步恢复常态，全年 GDP 增速达到 2.3%，成为主要经济体中唯一实现正增长的国家。

2021 年是“十四五”规划的开局之年，我国进入新发展阶段。当前和今后一个时期，我国经济发展环境将继续面临深刻复杂变化，国际形势日趋复杂，不稳定性、不确定性明显增加；国内疫情防控和改革发展稳定任务艰巨繁重，经济运行面临诸多挑战和风险，落实“六稳”“六保”任务仍然面临较大压力。新形势下 2021 年的经济景气状况和物价走势如何？政府提出的全年经济增长和物价调控目标能否实现？

本报告基于改进的“经济景气分析系统”和“宏观经济监测预警信号系统”，利用截至 2021 年 2 月的宏观数据，对经济周期态势、经济景气状况和物价走势进行监测和分析，同时，结合先行指标方法、多种经济计量模型和政府近期采取的应对措施，对主要经济指标的走势进行分析和预测，并在此基础上，对政府下一步的宏观调控提出政策建议。

一　利用景气分析法对经济周期态势和景气状况的分析和预测

我们在仔细考查景气指标的基础上，继续沿用近两年使用的一致和先行景气指标。一致景气指标由工业增加值、累计固定资产投资（不含农户）、社会消费品零售额、财政收入、进口商品总值和国房景气指数6个指标组成；先行景气指标包括狭义货币供应量M1、广义货币M2、人民币贷款总额、人民币各项存款余额、水泥产量、汽车产量和房地产开发企业商品房销售额（累计）7个指标。此外，将制造业采购经理人指数（PMI）作为短先行指标单独进行考查。滞后景气指标方面，2020年出口商品价格指数的公布出现缺失和延迟，故不适宜继续使用，从而滞后景气指标包括CPI、PPI、工业企业产成品和货运量合计4个变量。

根据国内通常考查的经济增长率周期波动，各景气指标均为同期增长率序列，多数指标经季节调整并消除不规则因素。利用美国全国经济研究所（NBER）方法，分别建立了一致合成指数和先行合成指数（各指数均以2000年平均值为100）。基于各指标的重要性及统计和周期特征，在构造先行、一致、滞后合成指数时，分别对相关指标赋予了不同的权重。

（一）基于景气合成指数对经济总体走势和经济周期态势的分析

根据一致合成指数所反映的宏观经济总体走势和对经济短周期转折点的测定结果（见图1），受疫情导致的供需两端“急刹车”的影响，2020年1～2月，经济景气出现了前所未有的急速下降，到2月出现了1997年以来的最低景气水平，以不同寻常的方式结束了始于2015年12月的前一轮经济短周期。

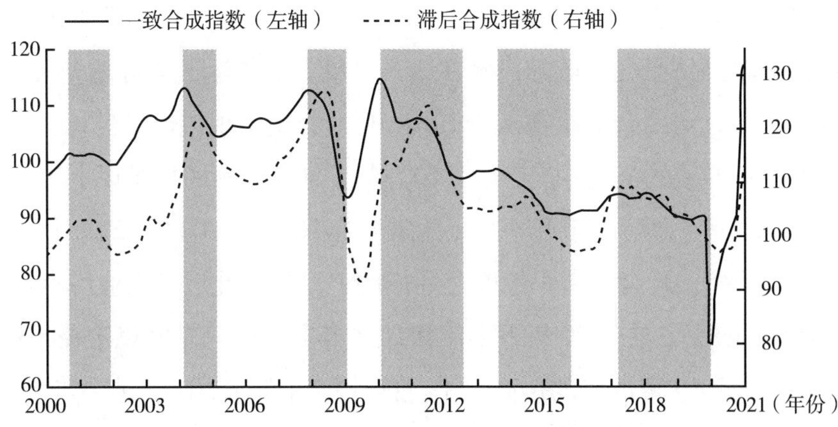

图 1　一致合成指数和滞后合成指数

注：其中阴影部分为短周期的收缩阶段，下同。

随着国内疫情得到有效控制和生产生活秩序逐渐恢复，工业生产、投资、消费等主要经济指标明显改善，一致合成指数从 2020 年 3 月开始出现快速反弹，经济景气从历史低位进入了新一轮经济短周期的上升期。2020 年 11 月和 12 月一致合成指数分别回升至 90.6 和 91.2，已超过 2019 年第四季度 90.2 左右的景气水平，显示经济运行恢复正常状态，经济增长速度恢复至潜在水平。

受 2020 年疫情冲击导致的超低基数影响，2021 年前两个月工业生产、投资、消费等主要指标的同比增速均出现了 30% 以上的超高速度，进口（按美元计价）和财政收入同比增速也分别达到 22.2% 和 18.7%，促使 1 ~2 月的景气指数高达 117 以上，创造了 1997 年以来的最高水平。当然，这种因特殊的低基数而出现的高景气度并不能反映经济运行的真实情况。

图 1 显示，滞后合成指数在此轮短周期中的滞后表现有所减弱，2017 年 4 月达到周期波峰，较一致合成指数的波峰只滞后 1 个月。此后转入周期下降阶段，经过 36 个月的波浪形不断下滑，于 2020 年 4 月

形成周期波谷，较一致合成指数的深谷滞后 2 个月，从而可以进一步确认前一轮经济景气的收缩已经在 2 月结束。受货运量累计增速和 PPI 上升的带动，滞后合成指数从 2020 年 10 月开始出现快速攀升。

受疫情导致的企业停产影响，作为滞后景气指标的规模以上工业产成品库存增速（剔除季节和不规则因素）在 2019 年 11 月至 2020 年 4 月出现较快反弹，开启了新一轮库存周期的上升期。此后，工业库存增速经过小幅回落后，在 2020 年下半年和 2021 年前两个月基本稳定在 8% 左右，仍处于 2015 年以来的偏高水平。预计年内库存增速或进一步回落，呈现“去库存”态势的可能性较大。

（二）利用先行指标和先行景气合成指数的分析和预测

由 7 个先行指标构成的先行合成指数变动情况如图 2 所示。该指数 2000 年以来具有比较稳定的先行变动特征。2016 年 5 月至 2020 年 1 月，该指数处于周期收缩阶段。由于先行指标组中的货币金融类指标和其他指标的走势出现分化，先行合成指数整体下降速度较缓，幅度相对较小。2020 年 1 月先行合成指数创造了 1997 年以来的新低，较一致合成指数提前 1 个月形成了先行短周期的波谷。此后该指数出现明显回升，进入新一轮扩张期。

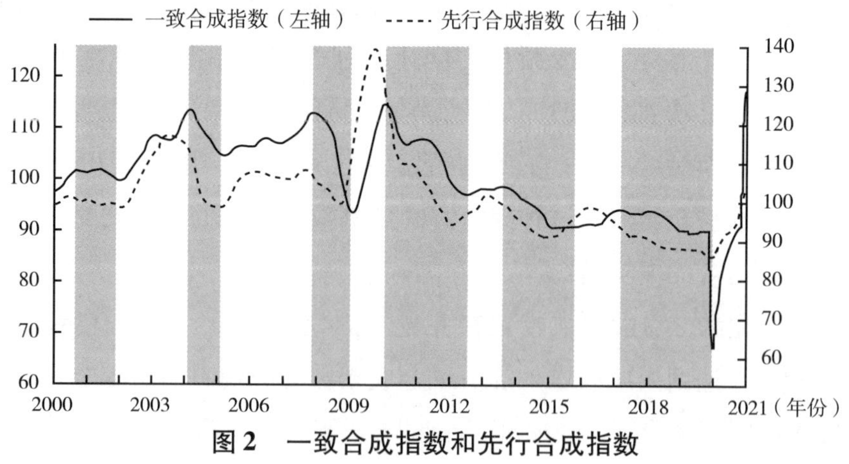

图 2　一致合成指数和先行合成指数

需要说明的是，受疫情影响，先行指标的变化（剔除季节和不规则变动）出现了两种不同的走势。从非货币金融类先行指标来看，水泥产量、汽车产量和房地产开发企业商品房销售额（累计）增速在2019年多数时间基本呈上行态势，但在疫情冲击下，2020年1~2月均出现大幅下降，并创造了1997年以来的最低水平，各指标的变动趋势从2019年第四季度开始均出现不同程度的下滑，从而也影响了各指标的先行变动特征。从2020年3月开始，这3个先行指标均呈现强劲回升态势，在年内先后较快恢复到（甚至超过）受疫情冲击前的水平。同样受上年低基数的影响，水泥产量、汽车产量、房地产开发企业商品房销售额（累计）在2021年前两个月的同比增速分别高达61.1%、89.9%和133.4%，均创造了2010年以来的新高，带动先行合成指数继续攀升。

与上述3个先行指标不同，受应对疫情逆周期货币政策调控的影响，货币金融类先行指标中的狭义货币供应量M1、广义货币M2、人民币各项存款余额和人民币贷款总额的增速在2020年3月以后均出现不同程度的回升，尤其是广义货币M2和人民币各项存款的增速时隔3年后重新回到两位数水平。然而，广义货币M2和人民币贷款总额的增长在第二季度达到反弹高点后，第三季度开始呈现缓慢下滑态势，人民币各项存款余额的增速则基本稳定在11.4%附近。狭义货币供应量M1的增速经历近两年的持续回升后，2020年12月以后出现了止升趋降的走势。

图3显示，由4个货币金融类先行指标构成的金融先行合成指数在2019年8月形成相对低点后，经过15个月的温和回升后于2020年11月到达相对高点，此后止升趋稳。该指数的走势反映出此次为应对疫情实行的货币政策调控与应对全球金融危机时的超强刺激明显不同，力度稳健适度，在保持流动性合理充裕的同时，没有出现“大水漫灌”。随着疫情期间阶段性政策措施的退出，近期货币政策逐渐恢复常态，这在一定程度上预示经济景气从3月开始可能会转入下降局面。

从具有一定短先行特征的PMI来看，该指数经历2020年2月疫情冲

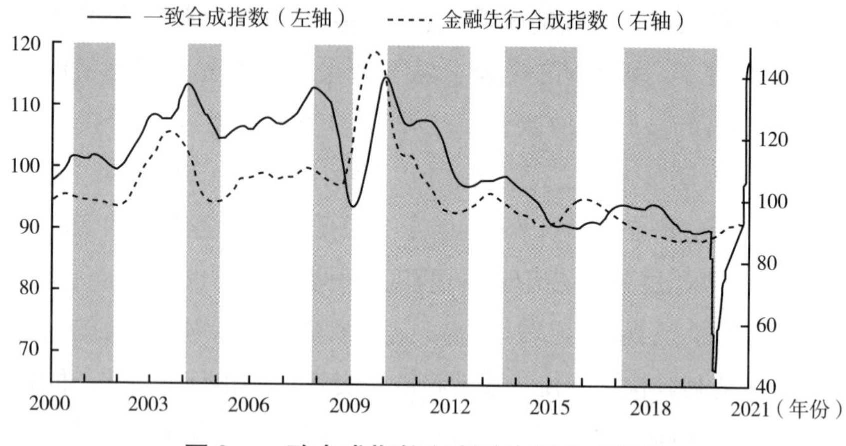

图 3　一致合成指数和金融先行合成指数

击的短暂大幅回落后，2020 年 4 月至 2020 年 11 月在 50% 以上呈小幅回升走势，但 12 月以来出现小幅回落迹象，反映制造业景气经过快速恢复后，景气扩张力量有所下降，同样预示经济景气可能在 2 月左右结束扩张。

（三）利用扩散指数对经济运行走势的预测

反映景气指标组中上升指标占比的扩散指数可以从另一个侧面反映景气动向。由 6 个一致景气指标构成的移动平均后的一致扩散指数如图 4所示。2017 年 5 月至 2020 年 3 月，该指数大多数时间处于 50% 荣枯分界线下方，同样显示此期间经济景气总体处于回落态势。但与前两轮的走势不同，先行扩散指数此轮的回落幅度相对较小，反映景气下降的力量总体相对较弱。2018 年第四季度以来，一致扩散指数已经呈现不断回升的态势，显示景气下降的力量不断减弱。受疫情突发的影响，该指数在 2020 年第一季度出现了一个短暂回落，但由于疫情冲击的持续时间很短，移动平均后的一致扩散指数并没有出现深度回调。该指数从 2020 年 3 月开始出现快速回升，4 月以后重新回到 50% 以上，并在 9 月接近指数最高值 100%，同样显示经济景气在 2020 年 3 月触底后开始转入景气回暖的上升阶段，且近几个月的景气扩张力量很强。

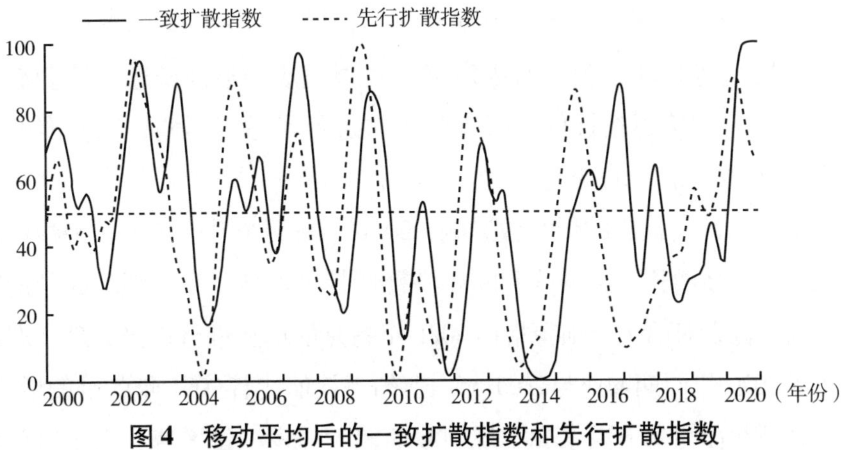

图4　移动平均后的一致扩散指数和先行扩散指数

图4显示，由7个先行指标构成的移动平均后的先行扩散指数相对于一致扩散指数具有较稳定的先行变动特征。该指数从2017年4月开始先行转入回升态势，显示先行景气虽然处于下降局面但下降的力量不断减弱。2019年10月以来，该指数较一致扩散指数提前6个月稳定回到50%以上，反映先行景气在2019年9月触底后开始转入扩张阶段，略早于先行合成指数。图4显示，该指数从2020年7月开始在荣枯线以上出现下滑，反映先行景气的上升力量有所减弱。预计该指数将继续下滑并在3月左右回到50%附近，换句话说，先行景气的扩张局面或在第一季度末结束。据先行期推断，一致扩散指数可能于2021年第二季度回到50%附近，即经济景气的扩张局面可能在2021年第二季度结束。

二　基于监测预警信号系统对经济景气状况的监测和分析

以下根据由10个预警指标（见表1）构成的“宏观经济监测预警信号系统”对各指标的警情与目前的总体经济景气状况和变动趋

势做进一步的监测和分析。根据对预警指标近年来变化情况的统计分析和发展趋势判断，我们对固定资产投资完成额累计增速、社会消费品零售总额增速等指标的预警界限再次进行了适当下调，以便准确反映新时期经济景气的变动情况。

受疫情冲击造成的低基数影响，2021 年前两个月前 7 个预警指标均出现异常的高增长，给准确判断经济警情带来误导。为了消除此种情况的影响，首先对前 7 个预警指标 2021 年各月的增速进行适当处理，即用各指标 2020 年同期增速与 2021 年增速的平均值代替 2021 年各月的增速，然后对可能存在季节因素和不规则波动较大的发电量增速、进出口总额增速和全国财政收入增速等指标进行季节调整以剔除季节和不规则波动。

表 1　月度监测预警信号图

指标名称	2020 年										2021 年	
	3	4	5	6	7	8	9	10	11	12	1	2
1. 工业企业增加值增速	⊗	⊗	⊗	⊗	⊗	◎	○	○	○	◉	●	●
2. 发电量增速	⊗	⊗	◎	◎	○	○	○	○	○	◉	◉	◉
3. 工业企业营业收入累计增速	⊗	⊗	⊗	⊗	⊗	⊗	⊗	⊗	⊗	⊗	◉	◉
4. 固定资产投资完成额累计增速	⊗	⊗	⊗	⊗	⊗	⊗	⊗	⊗	⊗	⊗	◎	◎
5. 社会消费品零售总额增速	⊗	⊗	⊗	⊗	⊗	⊗	⊗	⊗	⊗	⊗	◎	◎
6. 进出口总额增速	⊗	⊗	◎	◎	○	○	○	○	◉	◉	◉	◉
7. 全国财政收入增速	⊗	⊗	⊗	⊗	⊗	⊗	◎	◎	◎	◎	◎	◎
8. 广义货币 M2 增速	◉	●	●	●	●	◉	●	◉	●	◉	◉	◉
9. 居民消费价格指数（CPI）	◉	◉	◉	○	○	○	○	○	◎	◎	◎	◎
10. 国房景气指数	⊗	⊗	◎	◎	○	○	○	○	○	○	○	○
综合判断	⊗	◎	◎	◎	◎	◎	○	◎	○	○	○	○
	15	18	25	23	30	30	38	35	38	40	55	55

注：●〈过热〉　◉〈趋热〉　○〈正常〉　◎〈趋冷〉　⊗〈过冷〉

（一）工业生产增速反弹回升至“过热”区间

工业企业增加值增速受疫情影响在2020年前两个月创造了有记录以来的最低增速并滑入“过冷”区间后，从3月开始出现“V”形快速反弹并持续回升，工业景气进入新一轮周期的扩张期。9月以后工业景气回到“正常”区间，恢复到疫情前的正常增长水平，第四季度的工业增加值增速为7.1%，达到近些年来的较高水平，超过了“趋热”区间（7%～8%）的下限。2021年前两个月两年平均的工业增加值增速为10.8%，比上年12月的年内最高增速高出3.5个百分点，2015年以来首次发出“过热”预警信号，显示工业生产增速强劲。预计从第二季度开始工业景气将逐渐降温，第四季度大概率回到“正常”区间。

受疫情影响，2020年前2个月的发电量增速仅次于全球金融危机期间的最低水平，发出“过冷”信号，但3月以后发电量增速（剔除季节和不规则因素）呈持续回升走势，第三季度的平均增速已超过疫情前的增长水平，并从7月开始回到“正常”景气区间（3.5%～6.5%），12月以来该指标发出“趋热”信号。但2021年前两个月经平均处理后的发电量增速为5.7%，较2020年12月低3.4个百分点。预计从第二季度开始发电量增速回到“正常”区间的可能性较大。

工业企业营业收入累计增速在2020年1～2月创造了1996年以来的最低水平后，同样从3月开始呈现回升走势，下降幅度逐渐收窄，并于11月恢复正增长，但全年各月始终处于2%以下的“过冷”区间。2021年前两个月经平均处理后的工业企业营业收入累计增速为13.9%，回到景气“趋热”区间（11%～14%），显示工业企业效益明显好转。预计年内仍可保持在“趋热”或“正常”景气区间。

（二）固定资产投资增速快速回升，脱离“过冷”景气区间

2020 年疫情对投资造成较大冲击，在 1～2 月固定资产投资完成额累计增速下降至有统计数据以来的最低水平并发出“过冷”信号后，3 月以后投资累计增速逐渐回升，9 月末恢复正增长，全年投资增长 2.9%，增速较上年下降 2.5 个百分点，创造了 1992 年以来的年度最低水平，投资景气整体处于“过冷”区间。2021 年前两个月经平均处理的投资同比增速为 5.3%，接近于 2019 年全年增长水平，但仍然处于“趋冷”景气区间（5%～6%）。在三大类投资中，房地产开发投资的支撑作用较大，1～2 月比 2019 年同期增长 15.2%，两年平均增速为 7.6%，而基建和制造业投资分别下降 1.6% 和 3.4%。

（三）消费增长逐渐回暖，但仍然处于“趋冷”景气区间

受疫情影响，2020 年 1～2 月社会消费品零售总额增速大幅回落至 -20.5% 的历史新低，使消费景气罕见跌入“过冷”区间，但 3 月以后消费降幅快速收窄，8 月开始恢复正增长并持续攀升，11 月增速回升至 5%，但仍然处于“过冷”区间。2021 年前两个月经平均处理的社会消费品零售总额增速为 6.7%，比 2019 年全年增速下降 1.3 个百分点，处于“趋冷”景气区间（6.5%～7.5%），显示消费增长虽然已经明显回暖，但仍然没有恢复至疫情前的正常水平。

剔除物价因素后，社会消费品零售总额实际增长从 2020 年 3 月开始同样出现较快反弹，9 月后恢复正增长，第四季度增长 5.3% 左右。2021 年前两个月经平均处理的社会消费品零售总额实际增速为 5.3%，虽然已经超过 2019 年第四季度的增速，但较 2019 年全年增速减少 0.7 个百分点。

（四）外贸景气短暂“过冷”后已回暖至“趋热”区间

受疫情等影响，2020 年前两个月的进出口总额增速跌至 -11.1%（按美元计价），为2016 年第二季度以来的最低水平，并在3～4 月发出了景气“过冷”信号。但从6 月开始，随着宏观调控政策效果的显现和全球疫情防控加大了对我国防疫和生活用品的需求，进出口增速不仅没有出现全球金融危机时的大幅下降，反而出现了超预期的较快回升，从9 月开始进出口实际增速回升到两位数水平，使外贸景气在7 月重新回到“正常”区间（1%～11%）。2020 年全年进出口总额增长1.5%，较2019 年提高2.5 个百分点。2021 年前两个月平均处理后的进出口总额增速为15%，外贸景气从2020 年11 月开始发出“趋热”信号，反映近期进出口增长较快，外贸形势持续向好。

在疫情冲击下，2020 年第一季度出口增速（按美元计价）为 -13.3%，较上年下降13.8 个百分点。但从3 月开始出口增速呈现快速回升趋势，第四季度增速达到16.7%。2020 年全年出口增长3.6%，较上年增加3.1 个百分点。2021 年前两个月平均处理后的出口增速为21.6%，保持快速增长，但增长势头有所减弱。

进口增长速度在2020 年第一季度保持在 -2.9%（按美元计价），与2019 年全年平均水平接近，但在疫情冲击下，第二季度增速下降至 -9.7%，使得进口景气在2020 年上半年呈现下降走势。但6 月以来，随着国内经济景气的较快恢复，进口增速同样出现上升态势，第四季度进口增长接近5%，2020 年全年进口增长 -1.1%，较2019 年提高1.6 个百分点。2021 年前两个月平均处理后的进口增速为9%，继续保持上升势头。

（五）财政收入景气创新低后出现“V”形快速反弹，但尚未回到“正常”景气区间

受疫情影响，2020 年第一季度的全国财政收入增速大幅下降至 -14.3%，财政收入景气从 2019 年 11 月至 2020 年 8 月滑入“过冷”区间。然而，随着经济社会生活的逐渐恢复，2020 年 4 月以来的全国财政收入增速出现“V”形快速反弹，6 月开始恢复至 3% 以上的正增长，9 月以来全国财政收入增速（剔除季节和不规则因素）回到“趋冷”区间（2% ~5%），上升速度趋缓。2021 年前两个月经平均处理后的全国财政收入增速为 4.4%，继续保持平稳增长态势。

（六）货币供应增速由“过热”回调至“趋热”区间

在总体稳健、灵活适度的逆周期货币政策调控下，2020 年狭义货币 M1 增速延续了 2019 年初以来的小幅回升态势，货币流动性逐渐增强。2020 年末 M1 同比增长 8.6%，较上年加快 4.2 个百分点。2020 年 12 月以来，剔除季节和不规则因素后，M1 增速出现止升趋稳迹象。

广义货币 M2 增速在 2020 年 3 ~6 月出现明显上升，第二季度增速升至 11.1%，为 2017 年以来的最快速度，连续发出“过热”（10.5% 以上）信号，反映为了应对疫情冲击，货币政策及时做出了反应，货币供应偏宽松。此后，广义货币 M2 增速呈缓慢回落趋势，2020 年底和 2021 年 2 月末增速均为 10.1%，较 2019 年全年增加 1.4 个百分点，回调至“趋热”景气区间。

（七）景气动向综合指数由“过冷”快速回暖，11 月以来回到“正常”景气区间

由 10 个监测指标的预警信号构成的景气动向综合指数（见图 5）

显示，在疫情的冲击下，2020 年 1 ~ 3 月的景气动向综合指数降到 15，21 世纪以来首次发出“过冷”预警信号。随着货币供应、工业生产、进出口、投资和财政收入增速等指标明显回暖，该指数从 4 月开始快速反弹，经济景气逐步回暖，11 月以后的景气动向综合指数已经回到“正常”的绿灯区，2021 年前两个月进一步回升到绿灯区内的中部位置，反映经济景气已经恢复正常，且 2021 年前两个月指数已跃升至 55，高于 2019 年的景气水平。在国内疫情得到有效控制，以及宏观政策保持连续性、稳定性和可持续性的趋向下，预计年内经济景气有望在绿灯区内呈稳中趋降走势。

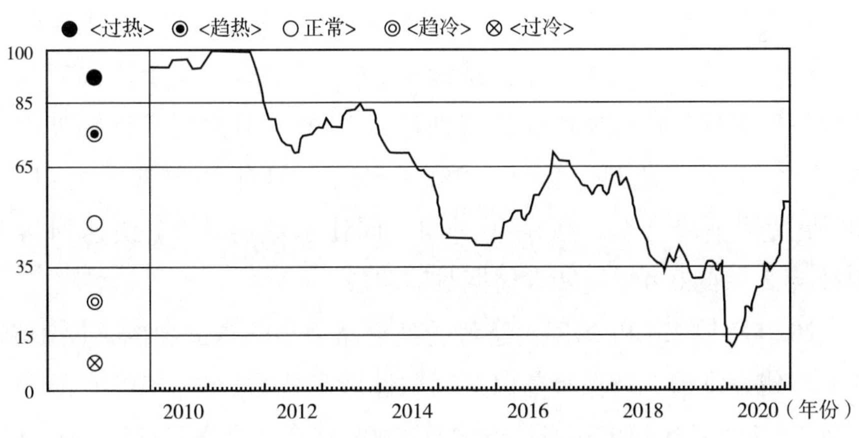

图 5　景气动向综合指数

总结以上监测结果可以得到近期经济运行的一些主要特征：供需两端的经济恢复不够平衡，投资和消费的需求端恢复弱于以工业生产为代表的供给端。消费偏弱主要是由于就业和居民收入尚未恢复至疫情前的水平，制约了中低收入居民的消费需求；投资恢复主要依赖于房地产，基建和制造业投资增速恢复相对较慢，企业投资能力和信心仍有待恢复；主要受海外疫情蔓延下国外生产订单转向国内和防疫物资出口的拉动作用影响，出口增速超预期强劲回升，对工业生产和经济恢复产生较大带动作用。

三　物价波动分析及预测

（一）CPI 波动特征及影响因素分析

剔除季节和不规则因素后我国居民消费价格指数（CPI）和我国工业生产者出厂价格指数（PPI）的走势如图 6 所示。根据我国物价周期转折点判别准则,[①] 按“谷—谷”的周期测算方法，以 CPI 为代表的我国物价周期自 2017 年 4 月开始进入 2000 年以来的第七轮物价周期的扩张期。本轮扩张期共持续了 34 个月，且平均上涨幅度与之前两轮短周期相比有所扩大，特别是 2019 年 3 月之后上涨幅度进一步扩大，进入“趋热”区间（3% ~5%）。但自 2020 年 2 月以来，CPI 呈持续下降态势，仅一年时间，同比涨幅由 5.2% 快速回落至 2021 年 3 月的 0.4%，转入周期收缩阶段。

2020 年以来 CPI 的回落态势受到食品项与非食品项的共同影响。受非洲猪瘟疫情、环保禁养以及周期性因素叠加影响，CPI 食品分项于 2020 年 2 月达到 21.9%，创造了 2008 年全球金融危机以来的最高水平。随着生猪调运逐步恢复、屠宰企业复工复产以及前期保供稳价政策的陆续生效，2020 年 3 月开始猪肉价格高位回落，带动食品价格同比大幅走低，这是导致 CPI 回落的主要驱动力。2021 年第一季度，受春节后需求季节性回落以及翘尾负向作用大幅减弱等影响，

---

① 陈磊等：《2017 ~2018 年经济景气形势分析与预测》，载《经济蓝皮书：2018 年中国经济形势分析与预测》，社会科学文献出版社，2018。

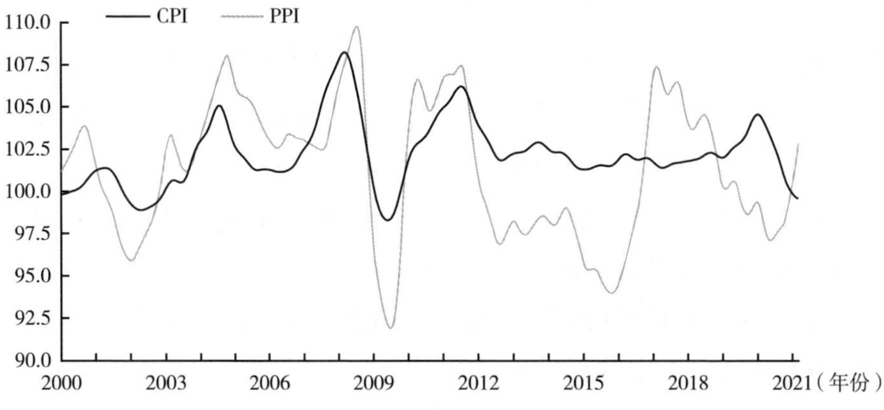

图6 经季节调整的CPI和PPI走势

叠加猪肉价格明显下降，食品分项价格呈逐月下行态势，同比增速由1月的1%快速下行至3月的-0.7%。

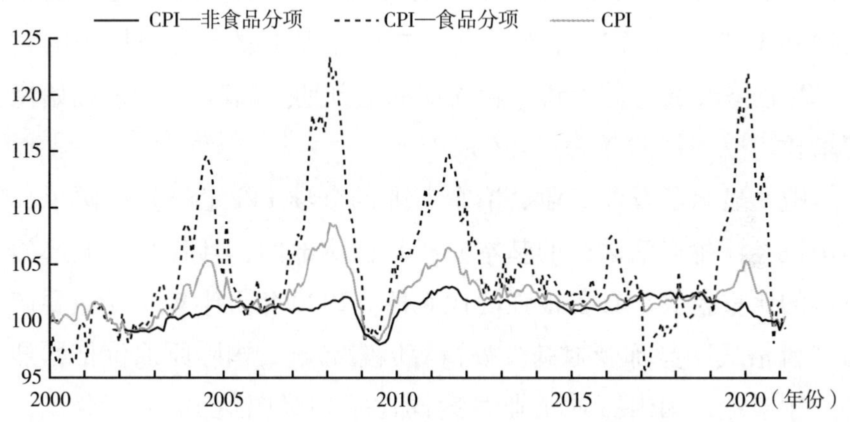

图7 CPI及其食品、非食品分项走势

相较于食品项的大幅回落，非食品项呈现稳中缓慢下滑的特征，2020年11月同比涨幅为-0.1%，为2010年以来首次出现负增长。各非食品子项中，受国际油价、疫情管控等影响，交通通信价格降幅最大，而服务业在各种冲击下表现较为突出，整体价格仅呈现平稳波动，甚至在2020年第四季度出现0.3%的正增长。2021年第一季度，非食品项价格逐月快速上行，由1月的-0.8%快速上行至3月的0.7%，其中，3月工业消费品价格同比上涨1%，为近一年来同比首次上涨，主要受汽油、柴油价格大幅上升影响。

值得关注的是，当前核心CPI持续低迷，自2020年下半年以来一直维持0~1%的历史低位，甚至在2021年1月出现了-0.3%的历史新低。2~3月虽反弹至0.3%，但仍低于上年同期和全年平均水平，反映终端消费复苏仍较为缓慢。

（二）PPI波动特征及影响因素分析

从PPI来看，受国内需求走弱、国际大宗商品价格不振、国内环保政策和去产能力度有所减弱、疫情对工业生产形成的巨大冲击等因素的综合影响，2017年3月至2020年5月PPI呈明显的周期性回落态势。自2020年6月起，在企业复工复产有序推进的背景下PPI止降转涨，进入新一轮周期的上升期，2021年1月开始恢复正增长。

图8显示了石油工业、冶金工业的分项PPI走势。这两个部门是国民经济生产活动中的基本原材料供应部门，且其在工业部门中所占的比重较大，具备很强的代表性。2020年上半年，受主要产油国“价格战”叠加新冠肺炎疫情等因素影响，国际原油价格剧烈波动，相应地，国内石油工业月度同比平均降幅达14个百分点，为细分行业中下降幅度最大的行业，同时也是PPI下降的主要贡献力量。相较而言，冶金工业受限于疫情导致的工业生产、房地产开发投资等受到抑制，在供给量较为充足的情况下价格下降幅度较小。而自2020年下半年起，随着国内复工复产下金属材料需求快速回升，全球经济逐步复苏，国际油价进入恢复性上涨通道，需求的恢复配合成本因素的推动，PPI及主要分项均出现上涨态势。2021年

以来的PPI上行呈明显的输入型特征，国际原油价格持续上涨带动国内石油和天然气开采业，石油、煤炭及其他燃料加工业，化学原料和化学制品制造业等相关行业价格涨幅进一步扩大，进而推动PPI增速中枢整体上移。此外，受国内工业生产和投资需求上升等因素影响，加之国际市场铜、铝等有色金属类大宗商品价格持续上涨，黑色及有色金属冶炼和压延加工业价格均呈现不同程度的上涨。

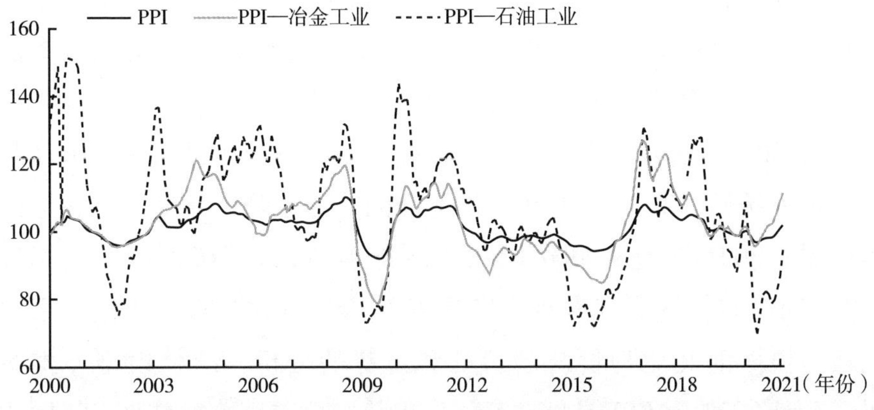

图8　PPI及其石油、冶金工业分项走势

整体来看，PPI和CPI波动特征具有较高的一致性，但近期仍出现了一定程度的背离。PPI与CPI之间的剪刀差在经历连续25个月的负值状态后，于2021年1月转正，1~3月的剪刀差分别为0.6个、1.9个和4个百分点，呈不断扩大态势，表明上游产品涨价并没有及时传导到下游行业，这将对中下游企业利润形成挤压。2021年前两个月的工业企业利润数据显示，黑色金属冶炼、化学原料及化学制品制造业等上游行业利润状况改善明显，但食品制造、纺织服装等下游消费品行业利润同比增速仍低于整体平均水平。从行业分布特征来看，中下游行业多为小微、民营企业，自身抗风险能力较弱，行业竞争较为激烈，难以消化由上游产品价格上涨带来的成本压力，其盈利能力将进一步承压。

（三）物价走势预测

2020 年以来，生猪产能持续加快恢复。农村农业部监测数据显示，截至 2021 年 2 月，能繁殖母猪存量已实现连续 17 个月环比增加，生猪基础产能稳步恢复，表明猪肉供给潜能增加，猪肉价格下行压力加大，CPI 上升动力并不强劲。随着国内服务业的重启以及上年非食品分项的基数较低，CPI 的上行动能将由食品端向非食品端转换。在低基数、翘尾因素以及线下消费恢复等共同作用下，2021 年第二季度 CPI 将出现一定涨幅。但考虑到居民消费需求恢复速度较为缓慢，2021 年 CPI 大幅上涨的动能不强。此外，从翘尾因素来看，2021 年全年翘尾因素为 -0.04%，较 2020 年大幅下降 2.2 个百分点。翘尾因素较弱将是 2021 年 CPI 维持温和上涨的重要因素。根据前文对物价波动特征和走势的分析，结合模型外推结果，预计 2021 年 CPI 或呈“M”形走势，第二至第四季度 CPI 同比涨幅分别为 1.5%、1.3% 和 2.0% 左右，全年 CPI 上涨 1.2% 左右，涨幅较上年下降 1.3 个百分点。

随着新冠疫苗推广速度加快、全球经济复苏促使需求回暖、美国财政刺激政策加码及全球流动性宽松推高全球通胀预期，大宗商品价格可能进一步上涨。从翘尾因素的变化来看，预计 2021 年第二季度 PPI 增速中枢将继续上移，或出现单月同比增速高于 6% 的情况。此后，受翘尾因素走弱和上年基数影响，第三、第四季度 PPI 同比增速或呈现下行态势，其间或出现 3～4 个月的企稳期。预计第二至第四季度 PPI 同比增速分别为 5.8%、5.3% 和 4.5% 左右，全年增长 4.4% 左右，涨幅较上年提高 6.2 个百分点。

四　2021年主要宏观经济指标预测

基于上文对经济周期态势的预判和多种经济计量模型，结合国内外经济形势和政府宏观政策取向，对主要宏观经济指标的变动趋势进行分析和预测，以期为政府下一步的宏观调控提供参考信息。各指标的具体预测结果如表2所示。

表2　主要宏观经济指标预测结果

单位：%

指标名称	2021年第一季度	2021年第二季度	2021年第三季度	2021年第四季度	2021年全年	两年平均增速
GDP增长率(可比价)	19.8	8.3	6.4	5.6	9.3	5.8
规模以上工业增加值增长率(可比价)	27.3	10.0	8.7	6.6	12.1	7.3
固定资产投资(不含农户)累计增长率	29	12.6	9.8	7.9	7.9	5.4
社会消费品零售总额增长率	32.6	16.8	11.9	8.0	16.0	6.0
出口总额增长率(美元计价)	42.7	23.6	12.7	4.4	18.3	11.0
进口总额增长率(美元计价)	18.6	25.1	11.1	10.2	15.7	7.3
广义货币供应量(M2)增长率	9.8	9.5	9.3	9.1	9.1	
金融机构人民币贷款总额增长率	12.6	12.5	12.4	12.3	12.3	
居民消费价格指数(CPI)上涨率	0	1.5	1.3	2.0	1.2	
工业生产者出厂价格指数(PPI)上涨率	2.1	5.8	5.3	4.5	4.4	

注：数据均为同比增长率，预测的样本数据除物价指标外均截止到2021年2月。

（一）预测2021年经济增长9.3%左右

2021年，政府有效统筹疫情防控与经济社会发展将进一步取得积极成效，需求将逐步恢复正常增长水平，经济将保持恢复态势。受上年低基数和外贸顺差大幅增加影响，2021年第一季度GDP同比增速将出现大幅上升，预计可达19.8%左右，此后在年内逐渐向潜在增长水平回归。如果不出现大的异常冲击，预计第二至第四季度GDP分别增长8.3%、6.4%和5.6%左右，全年增长9.3%左右，两年平均增速为5.8%。

（二）工业生产增速保持较快增长，第四季度将回到“正常”区间

随着国内疫苗接种的顺利推进，疫情将进一步得到有效控制，需求端向正常增长水平回归将继续带动工业生产的较快增长。受上年基数影响，2021年各季度的规模以上工业增加值增长率将呈现前高后低走势，但预计第二、第三季度的两年平均增速均将保持在7.2%附近，第四季度增速将回归“正常”景气区间（6%~7%）。预测全年规模以上工业增加值增长12.1%左右，两年平均增速在7.3%附近，高于疫情前的增长水平。

（三）固定资产投资季度增速将趋于平稳，预计两年平均增速仍处于“趋冷”区间

从三大投资领域来看，在内外需进一步回暖、企业利润改善等因素共同作用下，制造业投资动力有望加强；房地产投资可能会保持一定韧性；受抗疫国债不再发行，财政向科技、民生等领域倾斜影响，基建投资增速或将边际放缓。综合这些因素，预计从第二季度开始，固定资产投资（不含农户）季度增速经过近1年的较快反弹后将在5.5%~6%区间趋于平稳。受基数影响，固定资产投资（不含农户）

累计增率将呈现前高后低走势，预测全年增长7.9%左右，两年平均增速在5.4%附近，与2019年的增长水平相当，处于“趋冷”景气区间（5%～6%）。

（四）消费增长继续回暖，两年平均增速预计在6.0%左右

随着经济景气持续恢复和居民与企业收入回升，加上政府促消费政策不断显效，居民消费能力和信心将持续增强，线下消费和服务消费有望加快回升；同时，线上消费将保持高速增长。年内各季度的社会消费品零售总额两年平均增速有望保持在6%以上，但受基数影响，季度增速将呈现前高后低走势。预测全年社会消费品零售总额增长16%左右，两年平均增速在6.0%左右，增速较2020年第四季度进一步回升，但仍没有达到疫情前的水平，处于“过冷”景气区间，预计剔除物价因素后全年实际增长14.9%左右。

（五）外贸进出口有望继续保持较高景气度

2021年，随着全球疫情蔓延势头逐步得到控制，加上美国政府通过1.9万亿美元财政计划，海外需求有望加快复苏。同时，发展中国家大面积接种疫苗的时间晚于发达国家，我国将继续享有出口替代效应。近期的出口订单指数也显示需求恢复具备持续性。这些因素将有力支持出口保持较高景气。受基数影响，季度出口增速将呈现前高后低走势，第四季度将降温到“正常”增长区间。预计全年出口总额约30650亿美元，年均增长18.3%左右，增速较上年增加14.7个百分点，两年平均增速接近11%，为2012年以来的最高水平。

受经济持续恢复、大宗商品价格上涨、工业生产和出口持续保持高景气度影响，预计各季度进口总额增速将保持两位数的高增长，第二季度达到年内高点，两年平均增速有望均保持在7%～8%。预测2021年进口总额约23800亿美元，增长15.7%左右，接近2017年和

2018 年的增长水平，两年平均增速在 7.3% 附近。

按此预测，2021 年全年进出口总额约为 54450 亿美元，年增长 17.2% 左右，两年平均增长 9.3%，按两年平均来看，外贸景气总体处于“正常”区间的偏上水平。全年货物贸易顺差 6850 亿美元左右，比 2020 年增长 28.3%，增速为 2016 年以来的最高值。需要说明的是，由于 2020 年第四季度贸易顺差高达 2118 亿美元，创历史新高，预计 2021 年第四季度外贸顺差或下降 10% 以上。

（六）货币供应和贷款增长明显回升后稳中趋缓

目前，货币流动性合理充裕，货币、信贷增长在明显回升后呈现稳中趋降态势。随着经济增长的进一步恢复，稳增长压力减小，货币政策将在保持基本稳定的基础上逐渐回归正常。预计年内货币供应增速将有所放缓，M2 增速将在“趋热”区间平稳回落，年末增长 9.1% 左右，回到“趋热”区间下界，比上年减少 1 个百分点。

在货币政策“稳”字当头、更趋稳健的政策取向下，预计金融机构人民币贷款总额增速将稳中趋缓，全年增长 12.3% 左右，增速较上年下降 0.5 个百分点，全年新增贷款约 21.25 万亿元。

五　总结和政策建议

2020 年国民经济在遭遇前所未有的疫情冲击后从第二季度开始步入快速恢复轨道，经济增长进入新一轮短周期的扩张期，11 月以后的景气动向综合指数已回到景气“正常”区间，2020 年前两个月的景气动向综合指数（经基数调整）已高于疫情前，反映经济景气已经基本恢复正常，但需求端的恢复弱于供给端。受基数影响，2021 年经济增长等主要指标将呈前高后低走势，景气动向综合指数有望在“正常”区间内稳中趋降。预计全年 GDP 增长 9.3% 左右

（两年平均增长5.8%左右），全年CPI上涨1.2%左右。

在防疫政策取得明显成效、经济运行基本恢复正常的形势下，针对疫情冲击所采取的特殊调控手段不宜再继续实施，但宏观政策仍需做好与前期相关政策的衔接，保持政策的连续性、稳定性与可持续性，继续推进落实“六稳”“六保”政策，同时需关注和应对内外风险，处理好恢复经济和防范风险之间的关系。

（一）做好跨周期政策设计，兼顾稳增长与防风险

当前我国经济运行虽然已经基本回归正常，但恢复基础尚不牢固，供需两端的恢复不够平衡，在持续发力稳定经济增长的同时应注重风险防范，包括宏观杠杆率过快上升、信用风险持续暴露、短期输入性通胀、国际环境的不确定性等多种风险，使政策视角着眼于长期，做好跨周期政策设计。

财政政策应进一步提质增效，更具可持续性。第一，继续实行减税降费政策，尤其是针对中小微企业的减税降费，让更多小型企业生存能力增强，对基本就业的吸纳能力增强，有利于稳定民生。第二，推进落实针对高新技术产业领域内相关行业的税收优惠政策，降低企业研发成本，鼓励企业科研创新，助力我国产业转型升级。第三，高度关注地方政府隐性债务风险，推进债务透明化，做到信息公开，兼顾减税降费和财政的可持续性。

货币政策应保持灵活精准、合理适度，继续坚持稳健中性的基调。第一，持续聚焦中小微企业“融资难”“融资贵”问题，进一步完善金融服务体系，通过监管正向激励商业银行履行社会责任，并构筑包括政策性信用担保体系在内的中小微企业金融服务基础设施；要坚持推进利率市场化改革，推动企业综合融资成本稳中有降，为经济高质量发展提供良好的货币环境。第二，要继续精准投放流动性，加大对新发展理念相关领域的支持力度，加大对实体经济中受疫情影响

较大的行业的支持力度。第三，严控资金流向，防范资金脱实向虚引发金融风险，实现稳增长和防风险之间的长期平衡。

（二）继续稳定和扩大就业，提高就业质量

疫情给就业带来的冲击目前还没有完全消退，“稳就业”依旧是当前政策重点，应进一步强调就业优先政策，保持就业大局稳定。一方面要扩充就业岗位，除了对不裁员、少裁员的企业给予必要的政策支持以稳定现有岗位外，应坚持经济发展就业导向，支持产业升级扩张，并支持可以吸纳就业较多的中小微企业发展，努力创造更多的就业机会。另一方面要拓宽就业方式，支持多渠道灵活就业，增加非全日制就业机会，并加强对灵活就业人员的基本保障。同时，应开展更加有效的职业技能培训，提高劳动力素质，以帮助劳动者适应经济转型，提升就业质量。

（三）从供需两端促消费，助力畅通“双循环”

当前我国经济增速已恢复到疫情前水平，但消费增速依旧没有回升到可以拉动“双循环”的标准。第一，我国居民收入增速尚未恢复正常，应采取措施提高居民收入，尤其是中低收入人群收入，不断提高居民占国民收入分配的比重，不断缩小收入差距，全面提升居民消费信心，增加消费需求。第二，促进农村消费升级。着力提升农村网购和乡村旅游消费潜力，加大对农村电商的支持力度，助力优质农产品销售。同时，支持发展休闲农业、农事体验等新产业和新业态，加快乡村旅游业蓬勃发展，形成城乡消费联动新局面，促进消费结构升级。第三，当前消费供给侧需进一步革新，一方面应依托互联网技术加快培育新型消费，全面开发网络化、数字化和智能化消费平台，扩展消费路径，缩短消费链条，推动终端消费与生产供给形成良性闭环；另一方面应准确洞察消费需求，支

持相关消费型产业进一步发展，加快培育完整的内需体系，从源头提升消费品质。

（四）优化投资结构，着力扩大有效投资

目前我国经济发展已经进入后工业化时期，传统的基建投资对经济增长的促进作用较之前大幅度减小，因此需要进一步优化投资结构，扩大有效投资，提高投资收益。第一，应大力支持以技术创新为驱动和以信息网络为基础的新型基础设施投资，加强相关的政策引导，通过降低资金门槛、缓解融资风险等措施提高基建项目的投资吸引力。第二，明确投资方向和重点，加大在新兴产业和高技术产业等领域的投资，有针对性地补齐短板，引导我国投资由基建带动向产业扩张带动转变，增强经济发展后劲，培育发展新动能。同时，加大农村基础设施建设力度，全面推进乡村振兴。第三，扩充资金来源，在保证中央政府与地方政府的投资力度之外，应进一步支持和引导民间投资发力，并调动银行等各类金融资本的积极性，鼓励各类资本强强联合、优势互补。

（五）升级产业结构，积极应对国际大环境变化

虽然新发展格局以内循环为主，但国际市场依旧是“双循环”中重要的一部分，需进一步扩大高水平对外开放，促成中欧投资协定、中日韩自由贸易协定等，加强与世界各国的贸易往来。而随着全球疫情防控形势向好，各国制造业逐步恢复正常运转，我国在疫情期间积累的消费品替代效应出现衰减。因此，应该进一步加强我国产业自主创新能力，打通基础研究与应用研究之间的绿色通道，推动人才链和创新链、产业链深度融合，解决关键技术“卡脖子”难题，发展高端制造业；同时应借助当前的碳中和相关政策，优化调整能源结构，并

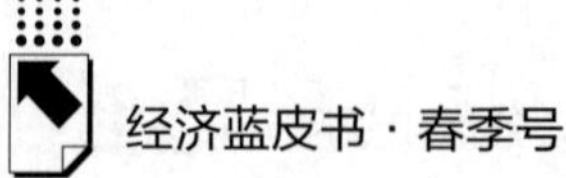

推动数字化与实体经济加速融合，多线并行全面推动产业结构升级，提升我国产品贸易竞争力，以适应复杂多变的国际形势。

参考文献

陈磊、吴少将、孟勇刚：《2020 年经济景气与物价形势监测、分析和预测》，《科技促进发展》2020 年第 11 期。

陈磊、王琳琳、孟勇刚：《2020 年经济景气和物价形势分析与展望》，《经济蓝皮书春季号：2020 年中国经济前景分析》，社会科学文献出版社，2020。

高铁梅、陈磊、王金明、张同斌：《经济周期波动分析与预测方法》（第二版），清华大学出版社，2015。

中国银行研究院：《2021 年第 2 季度"中国经济金融展望报告"》，https：//pic. bankofchina. com/bocappd/rareport/202104/P020210401369547373238. pdf，2021 年 4 月 1 日。

民生证券：《从"十四五"规划看中国经济远景目标》，http：//www. hibor. com. cn/repinfodetail_ 735947. html，2021 年 3 月 16 日。

《分析研判"十四五"开局宏观经济形势》，http：//news. cssn. cn/zx/bwyc/202103/t20210326_ 5321814. shtml，2021 年 3 月 26 日。

B.3 2021年我国消费市场运行趋势与风险研判

宋 沂　刘艳芳*

摘　要： 2021年，我国经济社会发展进入后疫情时代，在政策引导、创新驱动和潜力释放等因素推动下，消费市场恢复进程符合预期水平，重点领域指标趋势性向好，为“十四五”开局之年平稳起步奠定了坚实基础。同时，应正确看待消费指标高速增长背后的低基数效应，警惕新冠肺炎疫情的滞后影响，防范化解阻碍消费市场高质量发展的潜在风险。

关键词： 居民消费　消费市场　商品消费

一　市场运行情况及前景分析

自2020年8月起，我国消费市场呈现全面、稳健、加速回暖态势，一系列援企纾困、保供促消政策持续发酵。进入2021年，以国内大循环为主体、国内国际双循环相互促进的新发展格局逐步形成，消费市场主体活力进一步恢复，居民消费回补势头不断增强。从阶段特征看，2020年1~4月，我国正处于防疫严控周期，社会经济活跃

* 宋沂，中国国际电子商务中心；刘艳芳，中国国际电子商务中心。

度处在历史低位水平，社零总额同比下降16.2%，是影响2020年增速的主要原因；5~7月，国内防疫工作取得重大进展，社会经济运行开始重回正轨，社零总额同比降幅仅为1.9%，较上一阶段收窄14.3个百分点；8~12月，我国进入内需加速释放的消费回补期，社零总额同比增长3.6%，回升势头明显。2021年1~3月，疫情影响加速减小，基数效应推动社零总额同比增长33.9%，两年平均增速达4.2%，基本恢复至疫情前增长水平。

（一）商品消费回暖质量齐升

1. 基本类商品消费稳中有升

从运行情况看，2020年，限额以上单位生活必需品（粮油食品、饮料烟酒、服饰鞋帽、中西药品、日用品）销售额占整体比重为33.9%，比上年提高0.7个百分点，达到近4年来最高水平。2021年一季度，五类商品占比进一步提高至34.8%，对限额以上单位销售额增长的拉动率达到7.2个百分点，比2019年同期高出2.7个百分点，为近8年来最高水平。

从全年趋势看，我国生活必需品消费占比提升主要是受到防疫需求和物价波动等短期因素影响，阶段性特征比较明显。预计在疫情影响衰退、重点商品翘尾因素减弱的双重作用下，基本类商品消费增速将逐步放缓，占比也将回落至疫情前正常水平。

2. 升级类商品消费需求旺盛

从运行情况看，2020年，限额以上单位升级类商品（化妆品、金银珠宝、通信器材、文化办公用品等6类）销售额占整体比重为23.6%，细分类别商品消费规模均创近十年新高。其中，3月通信器材零售额增速由负转正，11月增长43.6%，为2015年以来最高，第四季度增长26%，比第三季度加快16个百分点，连续3个季度保持增长；4月化妆品、体育娱乐用品类销售实现正增长，7月金银珠宝类销售转

正，分别连续9个月、9个月和6个月保持增长，第四季度分别增长21.2%、11.9%和17.3%，比第三季度分别加快7.1个、3.7个和5个百分点。2021年第一季度，升级类商品对限额以上单位销售额增长的拉动率达到4.5%，比2019年同期高出3.2个百分点。

从全年趋势看，疫情冲击难改我国居民消费加速升级趋势，在信心增强、消费回流、供给质量提升等利好条件和积极因素推动下，升级类商品占居民消费支出的比重有望再创新高，供需错配等消费领域矛盾将进一步得到缓解。

3. 耐用消费品刚需潜力扩大

从运行情况看，2020年7月以来，对公共交通安全的担忧、政策刺激和补贴促销、前期受抑需求释放等因素推动汽车消费高速增长。房地产市场景气度回升带动家电、家装等耐用消费品需求回暖。2020年，全国汽车类商品零售额接近上年水平，下半年累计增速比上半年提高25.8个百分点，其中连续5个月保持10%以上的高速增长，对消费市场回暖有重要带动作用。2020年12月，限额以上单位建筑及装潢材料、家用电器和音像器材类商品零售额分别同比增长12.9%和11.2%，分别连续4个月和3个月实现较快增长。

从全年趋势看，我国居民人均汽车保有量远低于欧美等发达国家，蕴藏着巨大的消费潜力。随着各地加紧出台配套政策，有序放宽对汽车牌照发放的限制，加大对报废置换的补贴力度，汽车消费有望成为推动消费增长的主要着力点。住房公积金提取额度与适用范围有望进一步放宽，对住房消费、居住类商品消费增长具有一定刺激作用。

（二）服务消费需求加速释放

1. 餐饮消费加速回补

从运行情况看，2020年，全国餐饮收入同比下降16.6%，降幅比前三季度、上半年分别收窄 7.3 个和 16.2 个百分点；9 月限额以上单位餐饮收入实现年内首次正增长，第四季度全国餐饮收入实现转正，同比增长 0.2%，增速比第三季度加快 7.1 个百分点，规模恢复至 2019 年同期水平。限额以上住宿业企业客房收入降幅比前三季度收窄 8 个百分点，比第一季度收窄约 25 个百分点。

从全年趋势看，餐饮消费市场在长达近一年的求生周期中，不断创新经营方式，推出线上外卖、半成品等业务，供给质量和针对性都取得显著成效，预计后期将步入强势复苏的新阶段，各月增速都将保持在两位数以上，全年市场规模有望突破疫情前水平。

2. 文娱消费稳步复苏

从运行情况看，2020 年“十一”黄金周期间，全国接待游客总数、旅游收入分别恢复至 2019 年同期的 81.5% 和 71.8%，比“五一”假期分别提高 22.5 个和 31.4 个百分点。12 月电影票房收入恢复至 2019 年同期的 92.6%，恢复程度比 9～10 月提高约 15 个百分点。进入 2021 年，文娱消费复苏态势更加明显。清明节假期期间，全国国内旅游出游 1.02 亿人次，按可比口径同比增长 144.6%，恢复至疫情之前同期的 94.5%。实现国内旅游收入 271.68 亿元，同比增长 228.9%，恢复至疫前同期的 56.7%。美团数据显示，我国旅游景区复工率超 65%，住宿商户复工率首次超七成。

从全年趋势看，当前影响文娱消费市场发展的主要因素是防控需求和居民忧虑心理。在全球疫情防控形势持续向好的前提下，文娱消费的复苏进程将逐步提速，但主要领域市场规模能否恢复至疫情前水平仍有待观察，预计 2022 年初疫情影响有望彻底消除。

3. 在线服务快速崛起

从运行情况看，据艾瑞咨询测算，2020 年，我国在线教育市场规模 2573 亿元，同比增长 35.5%；教育行业线上化率达 24% 左右，比 2016 年提高约 15 个百分点。据中国互联网络信息中心数据，截至2020年12月，我国在线教育、在线医疗用户规模分别达3.42亿和2.15亿，占网民总数的34.6%和21.7%。据前瞻研究院估算，2020年中国在线旅游用户规模约4.32亿，同比增长4.6%。

从全年趋势看，疫情下，我国在线服务消费迅猛发展。全面复工阶段后市场刚需将有所减弱，过快发展的弊端逐步显现。预计在市场监管力度加大、消费者信任度有所下降的背景下，我国在线服务消费市场将进入洗牌周期，市场规模较上年将小幅萎缩。

（三）网络消费贡献突出

1. 网络零售逆势增长

从运行情况看，疫情期间，我国居民非接触式网络购物需求明显增加，实体店加快数字化转型步伐，线上消费逆势上涨。2020年全国网上零售额11.8万亿元，同比增长10.9%，增速比社零总额高14.8个百分点。其中，实物商品网上零售额达9.8万亿元，同比增长14.8%，规模比“十二五”期末增长2倍以上，连续8年位居全球第一；占社零总额的比重为24.9%，比“十二五”期末提高14.1个百分点，高于美国、日本等国家。

从全年趋势看，近年来，我国网络零售额在增速上保持领跑态势，占社零总额的比重持续提高，已成为衡量市场发展水平的核心指标。预计后期网络零售增速仍将处于较快区间，市场规模占比较上年将进一步提高。

2. “+电商”模式热度攀升

从运行情况看，“直播+电商”表现亮眼，据浪潮、艾媒咨询数据，2020年电商直播场次超2600万，观看人次超1200亿；市场规模达9610亿元，同比增长121.5%。“社交+电商”不断发展，据网经社数据，2020年社交电商用户规模达7.8亿，市场规模预计达2.3万亿元，比2019年增加2395亿元，增量超过2015年全年规模。“生鲜+电商”高速发展，据《2020年中国生鲜行业报告》、易观数据，2020年上半年生鲜电商交易额达1821.2亿元，同比增长137.6%，超过2019年全年规模；日均活跃人数730万，同比增长81.2%。

从全年趋势看，线上渠道在打通产业链、降低物流成本、丰富市场供给等方面的优势将更加突出，随着大数据技术广泛应用和5G终端的加速普及，受众群体将稳步增多，“+电商”模式覆盖领域有望进一步扩大。

3. 农村电商快速发展

从运行情况看，农村电商快速发展，农村网购、农产品网销不断深入。2020年，全国农村网络零售额达1.79万亿元，比2019年增长8.9%，是2014年的9.9倍；国家级贫困县农产品网络零售额为406.6亿元，同比增长43.5%，增速比2019年提高14.6个百分点。

从全年趋势看，随着数字乡村建设、电子商务进农村综合示范、电商扶贫等工作深入推进，我国农村电商保持良好的发展势头，将助力农业供给侧改革，为乡村振兴提供新动能，推动农村消费市场潜力进一步释放，逐步走向高质量发展的新阶段。

二　阻碍市场发展的潜在风险

从2021年我国消费市场稳健恢复的成因看，除有效的防疫手段和强大的发展韧性外，出口超预期增长、积极的财政政策、强有力的基建投资、相对稳健的外部环境等因素都起到了巨大推动作用。随着边际效益减弱，外部环境更加复杂多变，后期市场发展面临的潜在风险值得警惕。

（一）居民消费根基不稳

居民就业、收入、社保等民生要素是保障消费能力和意愿的根本基础。受疫情影响，我国社会经济活动先后经历了停摆、缓慢恢复和全面复苏三个阶段。2021 年第一季度，宏观经济各领域指标整体向好，但主要民生指标数据依然承压，短期内消费增长根基不稳。

一是就业形势依旧严峻。疫情突袭而至，我国就业形势符合预期但并不理想。根据国际劳工组织统一标准，疫情期间失去工作、暂时找不到工作或不能工作的劳动者不属于失业人口。在此背景下，2020 年末我国城镇登记失业率达 4.2%，比上年高 0.6 个百分点。2020 年，全国高校毕业生 874 万名，创历史新高，但城镇新增就业人口比上年少增 166 万人；全年农民工总量 28560 万人，比上年减少 517 万人，下降 1.8%。相关研究预计，我国 40% 以上的小微企业和个体经营户在 2020 年用工需求减少 740 万人左右。2021 年 1 ~2 月，在毕业生没有出现明显减少的前提下，全国城镇新增就业人口 148 万人，比 2019 年同期减少 15%。

二是收入增长预期不稳。疫情期间，社会经济停摆对各行业开展经营业务造成巨大影响，全国至少 40% 的就业人口面临收入减少、绩效下降、停薪留职等问题。收入下滑甚至暂时中断将在未来一段时期内抑制我国居民消费升级进程。2020 年，全国居民人均可支配收入名义增速、实际增速、中位数增速比上年同期分别回落 4.2 个、3.7 个和 5.2 个百分点。其中，实际增长 2.1%，为有统计数据以来最低增速，低于 GDP 增速 0.2 个百分点。进入 2021 年，国民经济各领域加速恢复，但疫情的滞后影响仍存，用工需求和企业效益整体偏低。2021 年第一季度，我国居民未来收入信心指数为 51，比上年第四季度回落 0.2 个百分点，为 2017 年第一季度以来的低位水平。

三是居民债务负担有所加重。疫情对我国居民家庭收入产生不利影响，而居民负债短期内不发生改变，故居民债务负担加重，储蓄意识增强，非必须消费支出意愿减弱。截至2021年2月，我国住户存款余额达97.3万亿元，同比增长14%，其中定期及其他存款占比达65.8%，比上年同期提高1.6个百分点；住户贷款余额为64.4万亿元，同比增长16%，其中短期消费贷款占比较上年同期下降0.3个百分点。住户贷款与存款比值达66.5%，比上年同期提高1.5个百分点。

（二）主体发展形势严峻

以购物中心、餐厅、酒店等为代表的内贸流通市场主体是我国消费领域供给侧结构性改革的主力军，是解决我国社会主要矛盾的重要载体。2020年以来，内外因交织叠加，大批流通企业发展所面临的困难有所增多。

一是重点行业领域回暖滞后。疫情对我国内贸流通业市场核心载体造成的冲击明显大于其他行业，市场恢复进程不理想。2020年，我国11个大类行业中仅有3个行业增加值为负增长，其中住宿和餐饮业、批发和零售业同比分别下降13.1%和1.3%；与居民消费相关的租赁和商务服务业下降5.3%。2021年第一季度，住宿和餐饮业增加值4059亿元，比2019年同期下降1.2%。据联商网不完全统计，2020年有45家餐饮品牌出现大规模关店或倒闭。我国中小企业抗风险能力整体偏低，应对现金流断裂和经营成本上升等问题能力偏弱。2020年下半年，小型企业PMI仅有2个月略高于荣枯线，其余月份均位于荣枯线以下，明显弱于大中型企业。

二是融资难题阻碍企业发展。金融市场对实体经济的支撑作用整体不足，内贸流通企业经营普遍受到严重冲击。由于主营业务收入断崖式下降，经营成本下调空间有限，我国住宿业、餐饮业企业普遍亏损严重，大批企业破产倒闭。从财政支持看，截至2020年末，我国宏观杠杆率达到270.1%，比上年同期提高23.6个百分点，总体债务风险进一步上升。地方财政收支赤字问题严峻，债务偿还能力极为有限，地方政府融资平台存在较大隐患，政府主导的融资援企整体力不从心。从市场角度看，2021年3~4月，我国信用债到期规模高达2万亿元，占全年到期规模的27%左右，可能导致债券市场动荡，损害债券市场融资功能。在此背景下，许多企业事实上很难获得国家规定的低息贷款。商业银行出于避险等考虑，更倾向于将资金借贷给有保障的大型国有企业。许多民营企业主表示，面对资金链断裂风险，只能被迫以15%~30%的年息向社会资本借贷以维持经营。

三是创新模式粗放且不可持续。近年来，概念炒作与数据运营裹挟市场资金大量涌入新业态领域，部分领域在创新进程中盲目跟进，内贸流通新经济中存在诸多泡沫。盒马标签门、鲜生友请非法集资、超级物种关店等事件反映零售新业态短期风光的背后是运营成本过高、内部管理混乱等严峻问题，新零售普遍处于亏损与输血融资的恶性循环，探索可持续发展盈利模式已成为业内所面临的核心难题。2020年4月，瑞幸咖啡财务造假恶性事件反映创始团队发展方向的偏离与资本市场的盲目逐利使得新业态与“让零售业回归本质”的理念背道而驰，创新发展模式的可持续性存在巨大隐患。

四是市场监管执法亟待加强。消费领域新业态不断涌现的同时，执法机关往往面临无法可依、无法监管、无法处罚的不利局面，合法权益得不到有效保障成为消费者满意度下降的主要因素。2019年浩沙健身、韦博英语门店关闭、经营者跑路，给办理预付卡的消费者带来巨大经济损失，致使行业市场信任度降至低点，成为市场监管缺失的缩影。此后，蟹券市场呈现爆发式增长，多地出现“有券无蟹”的问题，执法机关介入难度大，对不法商人的处罚力度引起争议；OFO拖欠上千万用户共享单车押金问题从法律层面始终不能得到有效解决，严重损害消费者权益，成为新经济领域监管不足的典型案例。进入2020年后，崛起的在线教育行业乱象丛生，诱导消费、虚假宣传甚至捐钱跑路等恶性事件屡见不鲜。

（三）发展失衡问题突出

现阶段，我国商品消费市场整体规模稳居全球第二，并有望在未来两年内超越美国。但从细分领域层面看，市场发展不充分、不平衡的问题愈加突出，已成为阻碍市场潜力进一步释放的重要掣肘因素。

一是城乡间发展不均衡。改革开放以来，我国城乡居民收入水平有较大幅度的提高，但城乡居民收入差距较大的问题始终没有得到有效解决。2000年以来，我国基尼系数始终高于0.4的警戒线，且近三年呈现持续走高态势。一方面，农村生产力水平长期低于城镇，且农村人口向城市流动存在制约，城镇化进程随着基数增长有所放缓；另一方面，我国农业发展集约化、标准化程度与发达国家相比仍存在巨大差距，农产品附加值低于工业与服务业产品，农民收入水平提升难度较大，缩小城乡居民收入差距任重道远。2021年第一季度，我国乡村消费占整体的比重较2020年和2019年分别下降0.3个和1.5个百分点；对消费增长的贡献率比2019年下降2.9个百分点。

二是区域间发展不均衡。我国商品丰富度较高的城市主要集中在东部沿海地区，东中西部地区在渠道下沉、移动互联网普及和物流发展等领域的差距仍旧很大，部分中西部地区消费者对于网络零售的使用尚不成熟，各类商品选择面较窄，消费潜力难以全面释放。2020年，我国东北地区、中西部地区社会消费品零售总额同比分别下降8.4%和4.7%，降幅比东部地区分别高5.2个和1.5个百分点；中部地区和东北地区占全国消费市场的比重较上年分别下降0.5个和0.2个百分点；在市场规模TOP10中，东部地区占据5席且包揽前四名，东北地区规模最大的黑龙江省仅居全国第17名。

三是供给质量不平衡。我国商品消费供给质量快速提升，但中高端服务产业存在起步晚、发育不充分等问题。2015 年，我国服务业增加值占 GDP 比重首次突破 50%，比美国晚了整整 55 年；2018 年，美国等主要发达国家服务业增加值占比平均在 70% 以上，比我国高出 20 个百分点以上，其中高端服务业占 GDP 比重普遍在 50% 以上。近年来，我国服务消费市场问题频发，消费者满意度处于低位，反映出我国居民服务业在现代化、标准化和连锁化等方面的滞后与不足，许多连锁服务企业在疫情后减少在中西部城市门店数量的问题值得关注。

三　供给优化与政策影响评估

（一）供给侧改革影响评估

新冠肺炎疫情对我国经济产生巨大冲击，而内需市场对渠道、模式、内容的新需求直接推动了消费供给优化升级。国内居民境外出游人数锐减和归国人员激增为引导消费回流创造了机遇，一系列放宽市场准入、深化改革开放的重大举措缓解了供需错配、中高端商品供给不足的社会矛盾，为后期内需潜力加速释放奠定了坚实的基础。

一是离岛免税契合消费升级需求。2020 年是海南全面深化改革开放三周年，自由贸易港建设取得阶段性成果，离岛免税政策的不断完善和市场主体的日趋多元对引导海外消费回流起到了促进作用。2020 年海南省免税店销售总额达 327.2 亿元，同比增长 127%，相当于 2018 年全国免税店销售总额的 82.8%。其中 7～12 月新政实施期间销售总额 235.6 亿元，同比增长 216%，购物人数同比增长 62%，购买免税品的人数占离岛总人数的 30%，离岛免税购物的吸引力显著增强。问卷星调研结果显示，37%的受访者表示前往免税店购物是赴海南旅游的主要原因；52%的受访者表示将不再把购物作为出境游的主要目的；近90%的受访者认为海南离岛免税购物体验良好。

2020年中国公民出境游人数同比减少86.9%，预计2021年恢复至往年七成水平，消费外流形势有望进一步扭转。美国针对亚裔人群的歧视、攻击事件频发，推动美籍华人、留学生再掀归国潮。智联招聘统计数据显示，2020年在国内求职的海归人数同比增长33.9%，比上年高出28.6个百分点。人口加速回流与供给丰富度提升形成良性循环，免税业将迎来发展黄金期，为缓解我国社会主要矛盾发挥巨大作用。

二是夜经济丰富线下消费场景。疫情防控常态化以来，全国各地结合本地区优势，大力推动夜经济发展，前三季度各级政府出台与夜间经济高度相关的政策数量和出台主体数量均达到上年全年的近4倍。进入下半年后，我国夜间经济强势回暖，街区夜游、景区夜游、夜间演艺等消费新业态新模式层出不穷，呈现产业多元、场景融合的新趋势，全国约60%的消费活动发生在夜间时段（18：00至2：00）。北京故宫600年来首开“夜场”，上海黄浦江的轮船夜游吸引了大量中外游客，西安大唐不夜城则融合了“唐”文创产品、乐队驻唱、花车夜游等内容，打造商服融合的消费新品牌。

展望未来，随着我国社会经济活动加速恢复，各地夜经济示范区建设和载体改造工程稳步推进，夜间场景将成为拉动后期消费增长的重要支撑点。预计2021年我国夜间消费市场规模和占比有望继续攀升，与文娱、旅游等大众服务消费的融合进一步加快，在繁荣市场、带动就业、提振信心等方面的积极影响将愈加突出。

（二）促消费政策影响评估

2020 年以来，为减轻疫情因素对消费市场发展带来的负面影响，各级政府围绕“保供给、稳内需、促消费”三大重点工作，制定落实多个可推广、见效快、针对性强的具体政策，有效规避了重点消费领域可能出现的衰退风险，确保我国居民消费升级进程不中断、趋势不改变。展望未来，政策的延续与滞后影响仍将发挥巨大推动作用。

一是直接补贴重点商品。2018 年小排量汽车购置税优惠政策结束，我国汽车消费市场增速明显趋缓，对消费市场增长的贡献率和拉动作用持续减弱。疫情期间，全国先后有 20 余个省区市结合本地实际情况，围绕新车购置、以旧换新和提前报废三大领域出台促进政策，采用财政直接补贴的手段推动汽车消费内需释放，补贴金额最高可达 23000 元。受政策影响，2020 年 7 月我国汽车消费总额同比增长 2.4%，率先实现增速转正，且增幅远大于其他类别商品；对社会消费零售总额形成 1.1 个百分点的正向拉动，比商品零售整体拉动率高出 0.9 个百分点。

进入 2021 年后，全国仍有浙江、北京、广州、佛山等 10 余个重点地区将上年汽车消费直补政策延续至年底，考虑到这些地区经济发展水平整体较高，汽车更新换代需求旺盛，预计将对全年汽车消费加速增长提供有力支撑。2021 年第一季度，我国汽车销量同比增长 75.6%，比 2019 年同期增长 1.8%；汽车消费总额连续 9 个月实现同比增长，其作为社会消费零售总额增速“稳定器”的作用愈加突出。

二是政企联合发放消费券。据不完全统计，疫情期间我国发放各类消费券总额不低于 400 亿元。其中针对餐饮、百货等业态的满减消费券乘数效应达到 3 ~ 10 倍，针对购买汽车、家电等耐用品的消费者，消费券在与补贴政策合力下，形成的乘数效应最高可达 30 倍以上。微信数据显示，消费券政策执行期间，湖南省餐饮、休闲娱乐、酒店住宿行业日交易金额分别增长 212%、423% 和 234%，嘉兴市餐饮、交通和休闲娱乐行业日交易金额分别增长 236%、230% 和 912%。

2020 年消费券发放政策对激发内需市场活力、提振居民消费信心发挥了巨大作用，但这一手段本身边际效益递减、周期较短，长期发放也会增加政府财政和企业经营压力。结合 2021 年消费市场恢复进程，预计消费券将不再作为政府部门促进市场发展的主要工具，转而成为各类市场主体创新营销理念的手段，继续发挥拉动消费的杠杆作用。

三是组织筹办消费节。疫情期间，为改变线下消费受抑、市场活跃度不足的局面，各地纷纷采用“政府搭台、协会参与、企业唱戏”的联动机制，先后组织筹办了一系列内涵丰富、成效显著的促消费活动。在商务部主办的“消费促进月”活动期间，全国重点监测企业商品和服务销售总额环比分别增长 12.2% 和 11.8%，全国购物中心客流回暖率达到 82.5%，比活动前提高 1.8 个百分点。在上海市主办的“五五购物节”期间，线下实物消费环比增长 11.6%，基本恢复至上年同期水平；200 家重点大型商业企业销售额同比和环比分别增长 4.5% 和 33.5%，五大重点商圈平均销售额和客流量环比分别增长 52.8% 和 38.8%。

由商务部、发改委等 6 个部门联合组织开展的新一轮“消费促进月”活动于 5 月正式启动。活动以“加快促进消费回升和潜力释放，促进形成强大国内市场，畅通国内国际双循环”为主题，进一步扩大了活动覆盖面和提高了主体参与度。通过评估上年成效与社会反响，预计我国将迎来一波消费热潮，特别是前期受抑严重的旅游、文化、餐饮等服务消费领域有望步入全面复苏的新阶段。

四 消费市场发展趋势预测

展望未来，我国社会经济活动将加速恢复至疫情前水平，随着重点规划项目陆续上马、制度红利不断释放，宏观调控政策滞后效应将发挥“调节器”的引导作用，双循环发展有望在年内取得阶段性成果，消费市场恢复性增长特征将更加明显，消费升级将步入全新发展阶段。

（一）商品消费市场运行趋势

2021 年以来，我国商品消费市场已进入从恢复期向提质期过渡的新阶段，以国内大循环为主体、国内国际双循环相互促进的新发展格局正推动消费市场向“提质降速”发展模式转型升级。从增速走势看，2020～2021 年，我国各月社会消费零售总额增速将呈广角“Λ”形走势，其中 2021 年 3 月同比增速达到峰值，4 月起增速将明显逐月收窄，但在基数效应作用下仍将保持近年来较高水平。从全年规模看，在疫情防控形势不出现重大变化前提下，预计 2021 年我国社会消费品零售总额将突破 44 万亿元，同比增幅有望达到 12.5%。其中，汽车、石油及制品、家用电器和音像器材有望成为拉动全年消费增长的“三驾马车”。

（二）服务消费需求发展趋势

为避免疫情反弹，我国影院、剧场、景点等居民服务消费主要场所仍在采取限流、预约等防控措施，民众忧虑心理尚未完全消除。截至 2021 年 3 月底，全国观影人数较 2019 年同期减少 12%；清明节假期，国内出游人次接近疫情前同期水平，但国内旅游收入仅恢复至疫前同期的 56.7%；美团数据显示，我国住宿商户复工率仅为 70%。

从后期趋势看，预计2021年我国不会彻底解除疫情常态化防控举措，供需关系恢复进程仍将受疫情形势影响，居民服务消费市场将保持“恢复性增长”的发展态势。特别值得关注的是，餐饮服务消费在习惯养成和刚需扩大的双重作用下，已呈现线上线下双渠道协调发展的新格局，市场规模将较疫情前水平实现较大幅度增长；针对我国在线教育服务市场野蛮发展暴露出的种种问题，政府部门已开展全面整治与监管工作，其市场增速将大幅放缓。

B.4

中国金融风险演进：挑战与应对

郑联盛*

摘　要：系统性金融风险防范化解是金融工作永恒的主题。2020年新冠肺炎疫情全球大流行使得全球金融市场发生动荡，国内金融市场波动加剧，金融稳定面临较大的压力。国内宏观杠杆率大幅上升，尤其是地方政府杠杆率上涨较快，国内股票、债券和中小银行体系的脆弱性有所加剧，同时部分城市房地产金融化泡沫化仍较为严重。由于疫情防控政策较为有力和经济复苏，2020年中国金融稳定状况好于全球，也好于市场预期。2021年外部不确定性将给中国金融稳定和金融安全带来更多的挑战，美国平均通胀目标制的实施可能引发通胀风险，美国国债市场、全球债务风险及国际重要金融市场动荡可能使得中国金融稳定面临重大的风险，同时与内部因素发生共振效应。为了有效防控风险，保障金融稳定和金融安全，需要夯实经济基本面，抓住重点风险环节，深化金融监管体系改革，实施高水平对外金融开放，提升金融系统应对风险的弹性和韧性，守住不发生系统性金融风险的底线。

---

* 郑联盛，中国社会科学院金融研究所副研究员。感谢中国社会科学院大学研究生白云凯的优秀科研助理工作。

关键词： 金融风险 外溢效应 系统性风险

一 引言

金融是国家重要的核心竞争力，金融风险防控是重大风险攻坚战的重要任务，金融安全是国家安全的重要组成部分，金融制度是经济社会发展中重要的基础性制度。2017 年 4 月 25 日在中共中央第四十次集体学习中，习近平总书记强调，金融安全是国家安全的重要组成部分，是经济平稳健康发展的重要基础。维护金融安全，是关系我国经济社会发展全局的一件带有战略性、根本性的大事。切实把维护金融安全作为治国理政的一件大事，扎扎实实把金融工作做好。2018 年 4 月 2 日中央财经委员会第一次会议中，习近平总书记再次强调，防范化解金融风险，事关国家安全、发展全局、人民群众财产安全，是实现高质量发展必须跨越的重大关口。2018 ~ 2020 年为期三年的金融风险攻坚战取得了突破性进展，中国系统性金融风险威胁有所缓释。

新冠肺炎疫情全球大流行使得中国金融体系和国际金融市场进入了一个更加动荡的时期，金融稳定和金融安全面临较大的挑战。2020 年新冠肺炎疫情全球大流行使得全球经济金融体系遭遇了自第二次世界大战以来最为严重的冲击，3 ~ 4 月国际金融市场动荡程度甚至超过了 2008 年全球金融危机时，国际社会一度认为全球可能面临新一轮金融危机的冲击。时至 2020 年末，国际金融市场并没有发生系统性金融危机，主要发达经济体国债收益率保持历史性低位，较大部分资产价格则创出历史新高。2021 年以来，国际金融市场动荡再度加剧。近期，原油期货创下 21 世纪以来的最高波动率，大宗商品和粮食等（特别是金属）价格波动率创近

5 年新高，标普 500 指数波动率接近次贷危机时期，其中，伦敦铜期货 3 月 4 日暴跌 5.6%，纽约原油期货 3 月 18 日重创7.7%。[①] 国际金融市场动荡直接导致我国相关市场波动性加大，国内外汇、债券以及股票等市场出现不同程度的调整。中国系统性金融风险的威胁有所缓释，重大金融风险攻坚战取得实质性进展，中国金融稳定总体状况不仅好于全球，而且好于 2020 年国内相对悲观的市场预期。

但是，由于疫情冲击以及外部风险冲击的叠加，我国系统性金融风险威胁并未解除，需要重点警惕内部重大风险因素以及内外因素共振引发的系统性金融风险隐患。本报告将回顾 2020 年中国金融风险演进及处置的基本状况，对未来中国金融风险的重点环节及挑战进行分析，并提出相应的政策建议。

二　2020年中国金融风险演进的基本状况

（一）新冠肺炎疫情全球大流行，内外金融市场大动荡

新冠肺炎疫情引发世界经济遭遇历史性衰退的风险，引发国际金融市场大动荡。在全球总需求方面，美国、中国、日本、欧洲多国等是全球总需求的主要支撑力量，但其受疫情直接影响均较为显著。为防控疫情，我国实施较为严格的社会疏远政策。随着疫情大流行，社交疏远政策成为全球一般性政策选择，但是，这对于人员流动、复工复产、就业以及经济增长的冲击都是实质性的。在全球总供给方面，疫情防控将使得人员流动以及相关国际贸易与投资受到直接影响，进而影响全球产业链及其供给能力，疫情全球蔓延明显冲击了国际贸易

① 数据来自 Wind。

和外商直接投资，使得产业链面临断裂风险。

新冠肺炎疫情引发全球金融市场重大动荡，股票等市场在多因素冲击下大幅下挫。2020 年 3 ~ 4 月，全球原油期货市场（见图 1）、大宗商品市场、股票市场、债券市场等均发生了较大的震荡，市场恐慌指数部分超过 2008 年全球金融危机水平。2020 年 3 月美国股票市场出现 4 次熔断，而在全球金融危机期间，美国股票市场都没有出现过熔断。疫情成为全球金融危机以来最为剧烈的市场冲击，这给中国金融市场带来了巨大的调整压力，金融稳定方面一度面临巨大的挑战。就波动幅度而言，股票市场面临的风险最大，商品期货市场其次，债券市场风险再次，汇率市场风险最小；就时间维度来看，股票市场、债券市场及商品期货市场的最大波动均集中在疫情暴发的初期，而汇率市场的最大波动发生在第四季度。

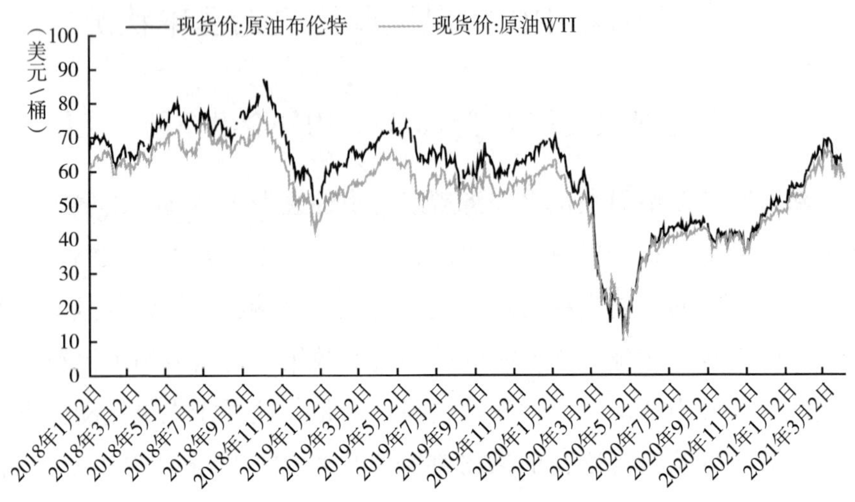

图 1　原油价格走势

资料来源：Wind。

（二）因杠杆转移效应宏观杠杆率提升过快

在新冠肺炎疫情下，政府承担了疫情防控“兜底”功能，实行大幅扩张财政支出、降低税费水平以及实施稳健宽松的货币政策，以减小经济和就业等受到的冲击，在有效防控疫情的情况下积极部署以促进复工复产和经济恢复，中国成为 2020 年全球唯一实现经济正增长的主要经济体。在疫情防控和复工复产过程中，我国宏观杠杆率快速上升。根据中国社会科学院国家金融与发展实验室数据，2020 年末我国宏观杠杆率为 270.1%，增幅高达 23.6 个百分点，比 2019 年宏观杠杆率增幅扩大了 17.5 个百分点，是国际金融危机以来宏观杠杆率上涨最快的年份。① 在疫情的影响下，宏观杠杆率呈现出新的结构特点，具体表现在金融风险存在向政府和公共部门集中的态势。政府部门加杠杆为企业部门稳杠杆提供了支撑，这本质上是企业部门杠杆转移至政府部门，由于政府收支双向挤压使得其杠杆率上涨水平创下历史最高值。这种杠杆转移效应具有两面性：一方面的确是缓释了企业部门高杠杆风险，为经济复苏提供了微观主体和内生动力支撑。精准的纾困政策使得企业的货币信贷得到合理增长，大量表外融资回归表内，提高了企业杠杆率的稳健性，对增强金融体系的稳定性产生了积极作用。另一方面杠杆转移使政府部门杠杆率增幅创下历史新高，地方政府债务扩张过快，面临较大的偿付压力，大幅提高了政府部门高杠杆风险。

（三）国内金融市场脆弱性增加

疫情冲击使得银行部门和整个金融体系都面临重大的金融风

① 数据来自国家金融与发展实验室。

险。一方面，对于商业银行，受疫情对宏观经济拖累、中小微企业经营压力较大等因素影响，城市商业银行和农村商业银行的不良贷款率提升较快。随着复工复产的推进，中小银行不良贷款率有所下降，但仍然保持在较高水平，信用风险仍不容忽视。特别需要警惕的是，为应对疫情出台的延期还本付息政策延缓了风险的暴露，但是，如果未来还本付息政策回归正常，企业信用风险可能加速出现。另一方面，信用风险已在债券市场暴露，违约债券数量下降，违约债券余额创新高（见图2），部分信托公司资产管理计划面临重大风险。2020年，债券市场新增违约规模1253.75亿元，同比增长1.68%，新增违约债券113只，比2019年减少30.25%。[①] 在此轮疫情中，金融市场的脆弱性表现出新的结构特点。首先，国企债"刚兑信仰"受到较大冲击，具体表现在国企违约风险明显提升，而民企债违约率增速边际放缓。2020年国有企业债券违约规模达828.35亿元，同比上升473%。其次，高评级债券违约占比上升，首次违约主体评级中枢有所上移。2020年新增违约或展期债券以中高等级债券为主，评级在AAA级、AA+级的违约或展期债券规模分别为731.16亿元和457.94亿元，合计占比超83%，较2019年上升29个百分点。最后，新增违约主体更多归因于经营层面，主要是受到新冠肺炎疫情影响而经营受阻。可见，不同类型金融机构对疫情冲击的反应存在结构差异，信托等非银机构以及中小银行在资产质量下滑方面受到较大的影响，经济下行中的顺周期效应和金融脆弱性已在债券市场、信托行业以及中小银行中较显著地暴露出来。

---

① 债券数据来自中央结算公司统计监测部《2020年债券市场统计分析报告》，2021年1月21日。

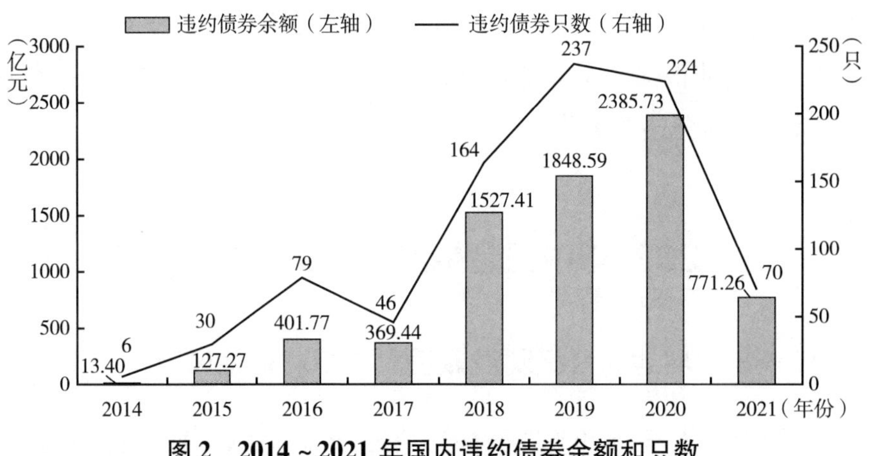

图 2　2014～2021 年国内违约债券余额和只数

注：2021 年的数据截至第一季度末。

资料来源：Wind。

（四）房地产市场金融化泡沫化较严重

我国继续实施房地产调控政策，但是部分城市房地产市场金融化泡沫化仍较严重，同时，房地产企业融资面临新政策约束。一方面，疫情严重冲击经济增长、就业和收入，房地产部门的需求有所下降，特别是购买力相对较弱的三、四线城市和小城镇，房地产市场呈现需求下滑和价格下跌的趋势。另一方面，一线城市和部分二线城市仍然维持价格上涨态势，尤其深圳、上海等城市价格上涨较为明显，房地产市场金融化泡沫化趋势则有所加剧。房地产企业资金监测和融资管理规则（“三道红线”）使得剔除预收款后的资产负债率大于 70%、净负债率大于 100% 和（或）现金短债比小于 1.0 倍的房地产企业面临较大的融资压力。规则通过强调房地产企业融资管理的市场化、规则化和透明度，使房企形成稳定的金融政策预期，以合理安排自身的经营活动和融资行为，有助于矫正目前一些房企盲目扩张的经营行为，增强房企自身的抗风险能力。但是，从净负债率、现金短债比和

“踩线”情况看，约42家房企“踩了三道红线”，约占样本房企总数的34%。这使得部分企业的融资压力陡增，同时也面临较大的债务风险甚至是债务违约风险。

三 2021年中国金融风险演进的重要环节

（一）平均通胀目标制潜藏重大的不对称性风险

2020年8月美国开始实施的平均通胀目标制，可能给国际金融体系带来重大的不确定性。平均通胀目标制以利率和非传统货币政策举措作为核心工具，尤其注重央行资产负债表操作，将量化宽松、前瞻指引及扭转操作（或收益率曲线控制）相互结合，以实现复胀甚至物价“超调”，同时实现充分就业目标。在拜登政府出台1.9万亿美元疫情救助计划后，市场担忧美国经济增长可能超越潜在增速而呈现“过热”状况，较强通胀预期导致国债收益率快速上升。面对经济可能“过热”的威胁，美联储不仅没有“安抚”市场，反而通过实施平均通胀目标制将通胀目标容忍度从2%提高至2.5%~3%，并指出当前没有通胀风险，暂不会调整量化宽松政策，并承诺暂不考虑加息。美国克林顿政府财政部部长、奥巴马政府国家经济委员会主席萨默斯认为，美联储宽松的货币政策、不加息承诺以及“过度”财政刺激，可能使得通胀水平大幅上涨。

美国作为全球最大经济体和国际货币主导国从2020年开始实施平均通胀目标制将会使全球经济和国际货币金融体系面临重大的不确定性，将给外围经济体带来不对称性风险。一是平均通胀目标制是否能够真正实现复胀甚至物价“超调”仍面临重大的约束。该框架可能夸大货币政策对菲利普斯曲线扁平的缓释功能，难以从根本上改变自然利率的决定机制，同时，该机制赖以支撑的资产负债表操作具有功能局限性。二是央行资产负债表操作潜藏重大的金融稳定风险以及负面溢出效应，可能对金融风险和内外关联系统存在低估。三是平均通胀目标制可能强化央行及政府在市场资源配置中的地位和功能，进而可能对私人部门具有显著的挤出效应，使得就业提振和复胀政策缺乏微观基础。四是平均通胀目标制释放更多的流动性，可能会在疫情冲击下的产业链断裂中放大供求缺口，使得部分商品（特别是大宗商品）面临价格飙升风险。一旦美国出现一定通胀压力，大宗商品价格可能进一步上升，这可能使严重依赖外部资源输入的中国经济面临潜在的输入型通胀风险。

为应对新冠肺炎疫情的冲击，全球主要央行再度祭出超级宽松的货币政策，如美联储加入零利率阵营并推出无限量资产购买计划，欧洲央行和日本央行维持负利率的同时也纷纷扩大了资产购买规模。其中，美联储主要通过建立商业票据融资便利机制、购买国债和抵押贷款支持证券扩张资产负债表；欧洲央行主要通过紧急资产购买计划扩张资产负债表；日本央行主要通过扩大资产购买计划和无限量购买国债扩张资产负债表。全球主要央行的上述操作，不仅使得各央行资产负债表的资产质量逐步下降，而且各央行的资产规模经历了史无前例的“飙升”。在一年的时间里，美联储资产规模提升75.88%至7.41万亿美元，欧洲央行资产规模提升49.50%至7.01万亿欧元，日本央行资产规模提升22.60%至702.58万亿日元（见图3）。

美国等主要发达经济体史无前例的宽松政策的副作用开始显露，使得国际金融市场面临重大的不确定性。2020年美联储资产规模提升至7.41万亿美元，成为全球金融体系“最大的地主”，但是，此类宽松政策可能导致全球资产价格加速上涨并呈现泡沫化趋势。2021年以来，由于美国疫苗接种取得积极进展，经济复苏可能好于预期，美国国债收益率开始快速上行，通胀压力有所显现，尤其是部分大宗商品价格保持高位震荡态势。世界经济整

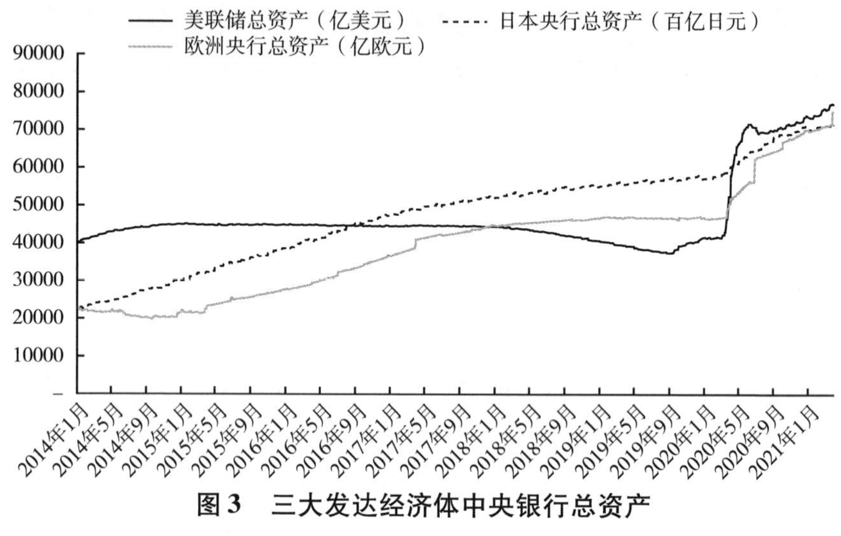

图3　三大发达经济体中央银行总资产

资料来源：Wind。

体复苏不力，可能面临低增长和结构性通胀威胁或“滞胀”风险。

（二）国际金融市场动荡将冲击中国金融稳定

1. 美国国债收益率快速上扬是全球金融稳定的核心市场指标

2020年以来，美国国债收益率快速上升，全球风险资产面临重大“重估效应”。2021年初，美国国债收益率开始上行，2月25日、3月5日和3月19日美国十年期国债持续上升并先后突破1.5%、1.6%和1.7%三大关口至1.74%，创14个月以来新高。[①] 美国国债收益率可能继续上升，这将加剧市场对通货膨胀率上升的担忧，同时使市场对债券、股票和房地产等风险资产进行估值调整，风险资产价格面临下跌风险。美国国债收益率是全球无风险利率，是其他风险资产定价的基础，其快速飙升将使得包括中国在内的国债收益率随之上

① 数据来源为Wind数据库。

行，同时全球风险资产的风险溢价抬升和价格下挫。这将使得我国债券、股票和房地产等风险资产价格面临一定的估值调整压力，风险资产价格面临下跌风险，金融机构将面临资产缩水及资产负债表恶化风险。

图 4　美国和中国 10 年期国债收益率

资料来源：Wind。

2. 全球债务风险可能逐步显性化

在新冠肺炎疫情之前，全球主要经济体就已步入债务驱动型的增长模式；而疫情加剧了各经济体债务问题的恶化，根据《全球债务监测》，2020 年全球债务水平将升至 275 万亿美元，全球政府债务与 GDP 之比将升至 98%，其中发达经济体杠杆率约 116%。此外，在疫情的冲击下，主要经济体经济陷入衰退，财政收入减少与开支持续上升形成的结构性矛盾日益凸显。全球重要经济体各宏观部门的杠杆率变化呈两个趋势：其一，不同层级经济体的政府杠杆率和非金融企业杠杆率在 2020 年均呈现出快速飙升的走势；其二，发达经济体政府部门杠杆率上升更快，而新兴市场的非金融企业部门杠杆率上升更快。综合来看，全球债务水平已经达到前所未有的高度，部分国家（如南欧和一些发展中经济体）的债务违约风险持续集聚，进一步加剧了全球金融市场的脆弱性。在疫情防控中，发达经济体通过政府杠杆率提升来缓释企业部门和居民部门杠杆率提升的冲击，这是一个杠杆转移的过程。部分经济体因债务风险上升使得国债收益率上升，其中，土耳其、巴西等十年期国债收益率分别达到14.07%和8.64%。[①]

3. 国际金融市场动荡程度加剧

2020年在缺乏经济基本面支撑的背景下，全球大部分资产价格持续大幅上行，这与实体经济的复苏进程以及企业的盈利能力显著背离，全球金融市场脆弱性不断累积。2020年以来全球金融市场的风险水平升至次贷危机以来的新高，2021年第一季度风险波动性再度增加。由于市场关联性较强，国际金融市场动态直接导致我国相关市场波动性增加，国内大宗商品、期货及股票市场等震荡加剧。

（三）我国潜藏内外因素共振的系统性风险隐患

整体而言，我国金融风险攻坚战取得实质性进展，系统性金融风险威胁有所缓释，但是，由于疫情冲击以及外部风险冲击的叠加，我国系统性金融风险威胁并未解除，需要重点警惕内部重大风险因素以及内外因素共振引发的系统性金融风险隐患。

一方面，国内仍然存在较多的重大风险环节。一是宏观杠杆率持续上升，其中，地方政府杠杆率增速较快，金融风险存在向政府和公共部门集中的态势。我国宏观杠杆率不仅上升速度较快，而且2021年面临重大的集中到期偿付压力，亟待关注偿付风险。2021年到期政府债券高达4186只，本息偿付额为9.18万亿元，[②] 较大的集中偿

① 数据来源为Wind数据库。

② 这里政府债券统计包括专项债，数据来自Wind数据库。

付可能加大政府债务压力，引发流动性风险。二是房地产市场金融化泡沫化风险仍较为显著。虽然 2020 年房地产贷款增速八年来首度低于各项贷款增速，但是一线城市和部分二线城市房价仍呈现上涨压力。三是中小银行受疫情影响比预期更大，信用风险加速暴露，中小银行面临巨大的经营甚至生存压力。目前通过收购、重组等方式对问题银行进行处置，未来可能引发更大的金融风险。同时，中小银行与银行体系的关联性较强，融资过于依赖同业拆借，其金融风险具有较强传染性。四是债券违约风险较大。随着美国国债收益率上升、我国国债收益率变化或风险溢价上升，国内债券违约风险可能会加速暴露。

另一方面，我国仍然存在内外共振的系统性风险威胁。在疫情的冲击下，各国间的跨境金融关联显著加强，资产价格和资金流动的同频共振特征比正常时期更为显著。在构建国内大循环为主、国内国际双循环相互促进的新发展格局时，内部资源要素匹配的重要性逐步提升。但是，身处一个全球化时代，中国经济已深度融入全球经济及其分工体系，国内外金融市场联系紧密。发达经济体的政策风险、全球资产市场波动的外溢效应以及内外因素共振的系统性风险，是未来构建双循环经济发展格局面临的重大挑战。比如，美国国债收益率快速上升、市场下挫以及房地产价格调整，可能对我国外汇、国债、金融债、企业债、股票市场及房地产市场等都带来共振冲击。

（四）金融开放加速推进，金融稳定面临新挑战

2018 年以来，在习近平总书记关于金融开放“宜早不宜迟，宜快不宜慢”的指示和党中央、国务院的战略部署下，我国先后推出了一系列重大的金融开放举措，金融开放呈现加速推进状态。即使在疫情冲击的 2020 年，中国金融开放的步伐仍然是较快的。近期，中国金融开放主要体现在以下四个方面：一是基本取消银行、证券、基

金、期货、人身保险以及评级机构等领域的外资持股比例限制，二是扩大外资金融机构业务范围，三是着力提高资本市场双向开放互动水平，四是探索实施准入前国民待遇加负面清单管理制度。[1] 从一定程度上来说，金融开放在经济体制机制各项改革任务中的范围、力度和成效都是十分突出的。

新发展格局要求进一步扩大金融高水平双向开放。在国内大循环为主、国内国际双循环相互促进的新发展格局下，为了进一步发挥市场在资源配置中的决定性作用，金融开放是必然要求和必要保障。改革开放以来，我国重大经济发展战略中的市场经济，一直都是国内国际相互统筹的市场经济，[2] 新发展格局也仍然坚持这种内外互动、资源互补和相互促进的政策思维。虽然，新冠肺炎疫情全球大流行和个别国家实施“硬脱钩”，全球产业链关联有所弱化，但是，全球经济一体化和内外市场互动加深将是不可逆转的历史潮流。只有实施更大范围的金融开放、实现更深层次的内外市场互动，市场在资源配置中的决定性作用才能更好发挥。

但是，金融开放加速推进，将使得金融稳定和金融安全面临新的不确定性。金融安全是国家安全的重要组成部分，维护金融安全，是关系我国经济社会发展全局和现代化国家建设的战略性与根本性大事。金融安全是在国家主权的基础之上货币资金融通的安全和整个金融体系的稳定，以保障资金顺畅融通、市场平稳运行和资源有效配置的动态均衡性。一般地，金融安全涉及金融基础设施、金融政策主权、国家货币稳定、市场体系稳定、金融数据安全以及国际金融治理等领域。这些领域是中国在国内国际双循环相互促进以及金融开放加

① 中国金融 40 人论坛：《感知政策的温度——2020 外滩金融开放报告》，2020 年 10 月。

② 陆磊：《在开放中变革、融合与创新的金融机构体系——40 年中国金融改革开放的基本经验》，《清华金融评论》2018 年第 12 期。

快推进过程中所需要重点关注的。

这里以币值稳定为例。汇率是国际经济运行中最重要的变量。名义汇率（双边）主要决定短期资本流动和金融市场稳定。2020 年 5 月以来，人民币兑美元汇率持续单边升值，2021 年 1 月 4 日突破 6.5 关口，升值逾 10%（见图 5）。过去十多年人民币一直是大型经济体中的强势货币，人民币有效汇率升值超过 50%，2020 年人民币兑美元升值幅度较大，但是在我国国际收支基本平衡、人民币双向波动过程中，甚至还有唱衰人民币的声音。2020 年 8 月，美联储实行了所谓的“平均通胀目标制”，通过跨期、超调和平均的思维来实现经济增长。① 这代表一段时间通胀低于 2% 的目标，另一段时间通胀就会高于 2% 的目标。平均通胀目标制将使得美国非常规宽松政策持续时间更长，美元指数不确定性更高，国际资本流动更加嬗变。包括人民币在内的“外围”经济体，将承担美联储政策调整、美元指数波动和国际资本流动变化的主要成本，人民币币值稳定、国家金融安全以及双循环新发展格局面临的外部冲击将十分严峻。

美元指数的走势对于人民币汇率稳定而言是一个重大的制约因素，需要提防美元指数存在的反转风险。拜登政府上台以来，疫苗接种工作推进较为迅速，疫情防控取得积极进展。如果美国政治社会动荡能较快恢复稳定、疫情防控政策趋严、疫苗接种效果较好，那么美国经济就将凸显其增长弹性。如果美国经济复苏较为有力，由于全球产业链受疫情破坏较为严重，美国可能面临结构性通胀压力，美联储就将通过前瞻性指引甚至边际减少量化宽松规模来管理通胀预期。这将为美元指数反转提供经济基本面和货币政策基础。

美元快速反转虽然是小概率事件，但是其对我国造成的金融风险

① Altig, D., et al., “The Federal Reserve’s Review of Its Monetary Policy Framework: A Roadmap,” FEDS Notes, 2020 - 08 - 27.

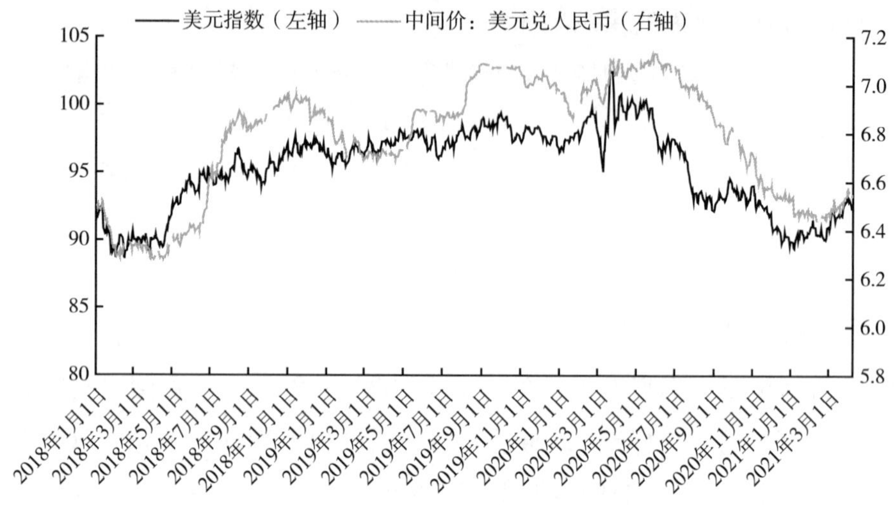

图5　美元指数与美元兑人民币中间价走势

资料来源：Wind。

可能比美元持续贬值带来的风险更大。一是市场预期恶化，将迅速恶化人民币升值预期甚至引发贬值预期。二是资本流出逆转。短期资本将迅速流出，甚至引发恐慌性“逃逸”，这将进一步恶化本币贬值螺旋。三是外汇市场失衡。企业和居民对升值的美元需求将增加，外汇供求失衡，还可能影响外汇储备规模。四是外债负担加大。美元反转升值，境内企业货币错配风险将显现，外币债务负担将因美元升值、本币贬值而加大。五是资产重估风险。人民币资产可能面临系统重估，特别是房地产价格面临显著的调整压力，可能引发系统性金融风险。

四　政策建议

在党中央和国务院的领导下，金融改革逐步深入，金融发展取得巨大成就，金融功能不断完善，金融风险得到了有效缓释。但是，金融风险的隐蔽性、复杂性、突发性和传染性使得党和国家高度重视防控金融风险，防范化解系统性金融风险和保障金融安全已上升至国家战略和国家安全的高度。在新发展阶段，需要考虑到外部因素对我国的外溢效应，也需要考虑国内因素对外溢效应的反馈机制，重点防范内外风险与安全因素共振引发系统性金融风险或全局性金融安全问题。为了进一步防范化解系统性金融风险，有效保障金融稳定，需保持定力、深化改革、扩大开放、注重统筹、把控底线。

（一）统筹疫情防控和经济复苏，夯实金融稳定基本面

继续优化疫情防控政策，有效统筹疫情防控、复工复产和经济复苏，为金融稳定和金融安全提供扎实的经济基本面。在总需求方面，强化需求侧管理，继续实施积极财政政策和稳健货币政策，有效引导市场预期，提升家庭和非金融企业部门的积极性。在总供给方面，继续深化供给侧结构性改革，注重疫情对微观主体和供给体系改变的长期效应，优化产业链关联，缓释资源配置的供给冲击，顺畅要素流动和资源配置机制。

（二）抓住重点风险环节，健全系统性风险防控机制

首先，完善系统性金融风险防范化解机制，对外重点加强对以美国为代表的主要发达经济体政策外溢性、短期资本流动性、资产市场估值重构、汇率大幅波动以及宏观杠杆率过高等环节的监测、防范与处置。其次，对内强化外汇、房地产、股票、债券等主要资产市场的风险跟踪和有效处置，分类施策，精准防控，有效降低各市场风险水平并着重防范跨市场传染。再次，优化财政资金宏观调配，通过中央层面适度增加财政赤字、发行国债、财政转移支付等手段，缓释地方政府杠杆过快增长压力。最后，坚持“房住不炒”政策定位，提高房地产市场调控有效性，重点防范房地产金融化泡沫化风险，有效管控居民部门过度加杠杆。

（三）深化金融监管体系改革，重点把控三类风险

从政策完善角度，金融风险防范和金融功能保障的平衡是优化金融体系风险布局重构功能的关键，是金融供给侧结构性改革和金融监管体系健全的基础任务之一。第一关是把控金融机构风险。通过金融机构自身风险管控体系来提升其应对金融风险的弹性，尤其是限制风险头寸、约束风险承担。第二关是把控重点领域风险。深化金融监管体系改革，构建融合行为监管、功能监管和机构监管的监管体系，着力处置银行业不良贷款、影子银行、地方政府及国有企业债务、房地产泡沫、外溢效应等风险点。第三关是把控政策风险。注重金融风险内生性或经济政策副作用，防止风险防控政策的自身风险或衍生风险，提高政策适宜水平。强化宏观审慎、微观监管与货币政策的统筹，以金融机构风险、重点领域风险和政策风险把控为基础，着重防范顺周期效应、系统重要性问题和外溢效应问题，坚守不发生系统性金融风险的底线。

（四）深化金融高水平开放，提升应对外部风险的弹性与韧性

一是，主动积极参与疫情冲击下的全球一体化新进程，实施更大范围的经济金融开放，实现更深层次的内外互动，进一步发挥市场在资源配置中的决定性作用。二是，继续实施高水平对外开放，加快金融服务业对外开放，注重增强外资金融机构在华的商业存在和业务关联，提高金融系统应对外部风险的弹性与韧性。三是，稳健推进资本项目开放，完善沪港通、深港通、债券通、沪伦通等机制，强化内外两个市场互动、有效连接和促进内外两个循环。四是，保持适度的资本项目管控，防止短期资本大进大出，有效隔离外部风险对国内金融系统的冲击，重点防控内外因素共振潜藏的系统性风险。

综合分析篇

Comprehensive Analysis Reports

B.5 “十四五”时期中国城镇化、内需增长及其主体区域研究

胡安俊*

摘 要: 新发展格局是立足当前、着眼长远的战略谋划，重点是构建完整的内需体系。城镇化是构建完整内需体系的关键。本报告按照“是什么、为什么、在哪里”的逻辑顺序依次展开，首先回顾了中国的城镇化历程，通过多模型比较，预测2025年中国的城镇化率将达到67.21%，内需市场潜力巨大，并与五大发达经济体进行了对标研究。然后，构建两区域、两要素、两部门的理论模型，阐释城镇化与扩大消费、扩大投资的理论机理。依次使用全国和31个省域的面板数据，分析城镇化

* 胡安俊，中国社会科学院数量经济与技术经济研究所副研究员、硕士生导师，主要研究方向为宏观经济、技术经济与区域经济。

与消费、投资的相关关系。城市群是未来中国区域空间的主体形态，“十四五”时期中国内需市场的主体区域应由具有较强吸引力、紧密经济社会联系和承载未来主导产业的核心城市群构成。综合城市人口流动、城市群内部经济社会联系度、人工智能相关企业的布局特征，研判“十四五”时期中国内需市场的主体区域由京津冀城市群、长三角城市群、粤港澳大湾区、成渝城市群、长江中游城市群等五大城市群构成，这种空间格局具有“大分散、小聚集”的优势，是内需市场的重点支撑区。

关键词：　城镇化　内需市场　主体区域

一　引言

当今世界正处于百年未有之大变局。在大国博弈、地缘政治、新冠肺炎疫情等因素的影响下，国际环境的不稳定性与不确定性明显增加，中国形成的资源和市场“两头在外”的国际大循环与“世界工厂”模式不可持续。与此同时，经过改革开放40多年的发展，2019年中国人均GDP达到世界平均水平，中等收入群体超过4亿人，最终消费支出对GDP增长贡献率达到58.60%，人力资本加速积累，进入高质量发展阶段。基于国内外形势的新变化，2020年习近平总书记指出，加快构建完整的内需体系，逐步形成以国内大循环为主体、国内国际双循环相互促进的新发展格局。“十四五”规划指出深入实施扩大内需战略，增强消费对经济发展的基础性作用和投资对优化供给结构的关键性作用，建设消费和投资需求旺盛的强大国内市场。

城镇是人口的主要集聚区，是拉动内需的主要市场。2019 年中国 60.60% 的人口居住在城镇，城镇居民消费是农村居民消费的 2.11 倍，城镇消费占到全国消费的 76.41%，是拉动内需的主要市场。因此，城镇化是中国最大的内需市场，是构建双循环新发展格局的关键。本报告按照“是什么、为什么、在哪里”的逻辑顺序依次展开，首先回顾了中国的城镇化历程，在此基础上，通过多模型比较，预测到 2025 年中国的城镇化率将达到 67.21%，内需市场潜力巨大。并通过与美国、英国、法国、日本、意大利等五大经济体进行对标研究，验证结果的可信性。然后，通过构建两区域、两要素、两部门的理论模型（2 ×2 ×2 模型），分析城镇化与扩大消费、扩大投资的理论机理。使用全国和 31 个省域的数据，分析城镇化与消费、投资的相关关系，阐明城镇化与内需的现实逻辑。“十四五”时期，中国内需市场的主体区域是形成双循环新发展格局的主要空间载体，它应由具有较强吸引力、紧密经济社会联系和承载未来主导产业的核心城市群构成。基于这些方面的考量，首先分析了 2010 ~2019 年中国城市人口的增长动态，发现城市人口的主要流入区集中于京津冀城市群、长三角城市群、粤港澳大湾区、成渝城市群、长江中游城市群等五大城市群，以及济南、郑州、青岛、厦门、西安、福州、南宁、贵阳、昆明、乌鲁木齐等省会或计划单列市。其中，五大城市群的常住人口增长占到全国常住人口总增长的 52.89%。借助社会网络分析（SNA）方法，分析了城市群内部主要城市之间由高铁列次反映的经济社会联系度，发现东部三大城市群内部的经济社会联系较强，成渝城市群和长江中游城市群内部的经济社会联系次之，而山东半岛城市群、粤闽浙沿海城市群、中原城市群和关中平原城市群的经济社会联系较弱。作为新一轮科技革命的代表性技术，人工智能将通过数字技术产业化和产业技术数字化，使经济系统发生颠覆性变革。人工智能相关企业在五大城市群的集聚将会进一步增强这些城市群的虹吸效应。综合这些方面的分析，研判“十四五”时期中国内需市场的主体区域由京津冀、长三角、粤港澳大湾区、成渝、长江中游等五大城市群构成，这种空间格局具有“大分散、小聚集”的优势，是构建双循环新发展格局的重点支撑区。

二 中国城镇化历程与“十四五”前景

本报告按照“是什么、为什么、在哪里”的逻辑顺序依次展开，本部分分析了城镇化的历程，通过多模型比较，预测2025年中国的城镇化率，明确城镇化“是什么”这个问题。

（一）中国的城镇化进程

回顾过去是预测未来的基础。根据不同时期的特点，以1978年、1984年、2001年和2013年为节点，将中国城镇化进程划分为起伏波动、调整过渡、加速发展、快速发展和高质量发展等五个时期（见图1）。

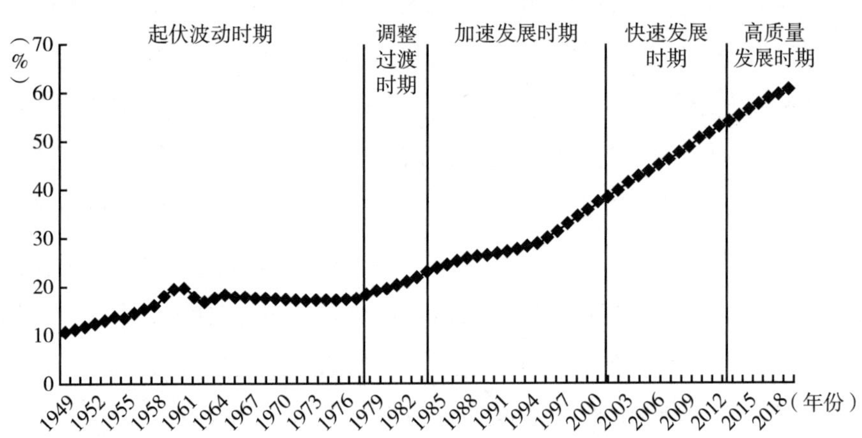

图1 中国的城镇化进程

资料来源：中国统计局。

第一阶段，起伏波动时期（1949～1977年）。新中国成立时中国城镇化率仅为10.64%，经过几年的调整，中国城镇化进入“一五”计划的短暂发展时期，城镇化率由1952年的12.46%提高到1957年的15.39%。之后，中国城镇化进入“过度城镇化”—“反城镇化”—“调整”—“徘徊不前”的起伏波动时期，到1977年城镇化率达到17.55%。这一时期城镇化率年均增长0.25个百分点。

第二阶段，调整过渡时期（1978～1983年）。改革开放之后，包产到户制度极大地解放了农业生产力，城镇化发展的两个前提得以实现。同时，各类下放人员大规模返城，1983年城镇化率达到21.62%。但是，直到1984年，中国一直没有迈出打破城乡二元结构的第一步。这段时期，中国城镇化率年均增长0.68个百分点，是城镇化的调整过渡时期。

第三阶段，加速发展时期（1984～2000年）。1984年国家公布新的设镇标准，鼓励发展乡镇企业，吸收当地农业剩余劳动力，小城镇得以快速发展。与此同时，一部分农民开始向沿海地区和大城市流动，但由于城市经济体制的改革滞后，城市在推进城镇化过程中没有发挥更大的作用。20世纪90年代，经济全球化进程不断加速，国家对“控制大城市”的政策进行了调整。尤其是1992年土地批租政策的迅速推广，使得土地成为政府收入的重要来源，对城市改造、更新以及新区建设起到重大作用，大城市、城市群加速发展。城镇化率由1984年的23.01%增长到2000年的36.22%，年均增长0.86个百分点，进入加速发展阶段。

第四阶段，快速发展时期（2001～2012年）。为对冲宏观经济供大于求的压力，中央出台了诸多推进城镇化战略的重大决策。“十五”计划首次将城镇化提升到国家战略层面，指出要不失时机地实施城镇化战略。“十一五”规划首次提出在珠三角、长三角、环渤海地区，继续发挥对内地经济发展的带动和辐射作用，增强城市群的整体竞争力，这是对长期实施的控制大城市发展政策的重大调整。党的十七大报告指出，要促进大中小城市和小城镇协调发展，以特大城市为依托，形成辐射作用大的城市群，培育新的经济增长极，确定了未来相当长一段时间内中国城镇化的政策框架。在这些方针政策的推动下，中国城镇化快速发展，城镇化率从 2000 年的 36.22% 上升到 2012 年的 52.57%，年均增长 1.37 个百分点。然而，这一时期出现了“冒进式”城镇化，造成较为严重的资源环境恶化和较大的就业压力。

第五阶段，高质量发展时期（2013 年至今）。针对城镇化的冒进发展，党的十八大以来坚决贯彻落实五大发展理念，推动城镇化高质量发展。“十三五”规划强调坚持以人的城镇化为核心，以城市群为主体形态、以城市综合承载力为支撑、以体制机制创新为保障，加快新型城镇化步伐，提高社会主义新农村建设水平，努力缩小城乡发展差距，推进城乡发展一体化。“十四五”规划强调推进以人为核心的新型城镇化，推进城市生态修复，强化历史文化保护，有效增加保障性住房供给，深化户籍制度改革，强化基本公共服务保障，加快农业转移人口市民化。这些措施推动了中国城镇化的高质量发展，城镇化率从 2012 年的 52.57% 提高到 2019 年的 60.60%，年均增长 1.17 个百分点。

（二）城镇化率预测模型

在经济领域，定量预测方法主要包括时间序列方法、结构方程方法、信号特征方法、机器学习方法和组合预测方法。就城镇化而言，主要使用时间序列方法和结构方程方法。其中，Keyfitz-Rogers 线性模型、联合国非线性模型、Lotka-Volterra 模型和趋势外推模型等四个模型是最常用的。

1. Keyfitz-Rogers 线性模型

Keyfitz-Rogers 线性模型假定城乡人口可以直接转换，其表达式为：

$$\begin{cases} \dfrac{dr(t)}{dt} = a \times r(t) + b \times u(t) \\ \dfrac{du(t)}{dt} = c \times r(t) + d \times u(t) \end{cases}$$

式中，$r(t)$ 表示时刻 t 的乡村人口，$u(t)$ 表示时刻 t 的城镇人口，$\frac{dr(t)}{dt}$ 表示乡村人口转移速度，$\frac{du(t)}{dt}$ 表示城镇人口转移速度，a、b、c 和 d 是估计系数。当 $b=0$ 时，即不考虑城镇人口向农村人口的迁移（反城镇化），便是标准的 Keyfitz 模型。

2. 联合国非线性模型

西方一些国家，如美国的城镇化过程服从联合国非线性模型，其表达式为：

$$\begin{cases}\frac{dr(t)}{dt}=a\times r(t)+b\times u(t)+e\times\frac{r(t)u(t)}{r(t)+u(t)}\\\frac{du(t)}{dt}=c\times r(t)+d\times u(t)+f\times\frac{r(t)u(t)}{r(t)+u(t)}\end{cases}$$

该模型除了假定城乡人口可以直接转换之外，还认为城镇化速度与城乡人口的构成以及总人口有关。a、b、c、d、e 和 f 是估计系数，当 $b=c=0$ 时，上述模型可以推导出城镇化水平的 Logistic 曲线，联合国对世界城镇化进程的预测就是基于这个模型。

3. Lotka-Volterra 模型

Lotka-Volterra 模型最初用于描述生态系统中的一种相互作用，即捕食牺牲关系。Dendrinos 等将这一模型用来描述城市之间的相互作用，其表达式为：

$$\begin{cases}\frac{dr(t)}{dt}=r(t)[a+b\times u(t)]\\\frac{du(t)}{dt}=r(t)[c+d\times u(t)]\end{cases}$$

4. 趋势外推模型

城镇化预测的结构模型，多是基于发达国家已经完成的城镇化历程进行的理论总结，发展中国家尚处于城镇化进程之中，使用既有的数据拟合这些模型往往具有一定的局限性。并且一个国家的城镇化还会受到政治体制、政策措施等多种因素的影响，年代较远的数据对于趋势预测的价值较小。基于城镇化的发展历程，使用近期数据进行中短期趋势外推更能有效反映发展趋势。趋势外推模型的表达式为：

$$\frac{du'(t)}{dt} = a + b \times u'(t)$$

式中，$u'(t)$ 是城镇化率，$\frac{du'(t)}{dt}$ 是城镇化率的变化率。

（三）“十四五”时期中国的城镇化率

在分析城镇化历程的基础上，选择 1949～2019 年的中国总人口、城镇人口、乡村人口和城镇化率等数据，依次使用上述四个模型进行估计，得到回归结果如表 1 所示。

借助 AIC 和 BIC 信息准则，并考虑到模型预测结果的可信性，选择最优模型 4。根据拟合模型，预测到 2025 年中国的城镇化率将达到 67.21%（见图 2）。中国“十四五”规划对城镇化的目标是 2025 年常住人口城镇化率提高到 65%，预测值比目标值略高。

（四）“十四五”时期中国城镇化率与发达经济体的对标研究

与发达国家进行对标研究，是考证发展中国家城镇化率预测效果的重要方法。2019 年七国集团的增加值占到全球总量的 45.17%，它们是发达经济体的主要代表。基于数据的可获得性，选择美国、英国、法国、日本、意大利等五大发达国家与中国 2025 年城镇化率预测值进行对标研究。2019 年美国、英国、法国、日本、意大利等五大经济体的人均 GDP（2010 年不变价美元）分别为 55753 美元、43712 美元、44317 美元、49188 美元、35680 美元，城镇化率分别为 82.46%、83.65%、80.71%、91.70%、70.74%。

表 1　四个模型的估计结果

项目	模型 1		模型 2		模型 3			模型 4
	du/dt	dr/dt	du/dt	dr/dt	du/dt	dr/dt		du′/dt
u	0.026***	−0.040***	−0.046***	0.067***	−0.014		u'	−0.013***
r	0.010**	−0.001	−0.030***	0.059***		0.017**		
$ur/(u+r)$			0.182***	−0.273***				
ur					0.000***	0.000***		
常数	−359.307	1414.899***	1133.204***	−825.228	220.198***	375.684	常数	1.932***
AIC	1000.738	1069.341	980.598	1054.031	985.356	1058.077	AIC	−20.926
BIC	1007.352	1075.955	989.417	1062.850	991.970	1064.691	BIC	−15.935
R^2	0.695	0.652	0.781	0.731	0.758	0.706	R^2	0.363
R^2_a	0.686	0.641	0.771	0.719	0.750	0.697	R^2_a	0.327
N	67	67	67	67	67	67	N	19

注：受自然灾害等原因影响，1961～1963 年中国城镇人口增长为负，模型 1、模型 2 和模型 3 的回归分析没有考虑这三个年份数据。依托中国城镇化进程五个阶段的分析，模型 4 使用 2001 年以来的数据进行分析。“*”，$p<0.1$；“**”，$p<0.05$；“***”，$p<0.01$。

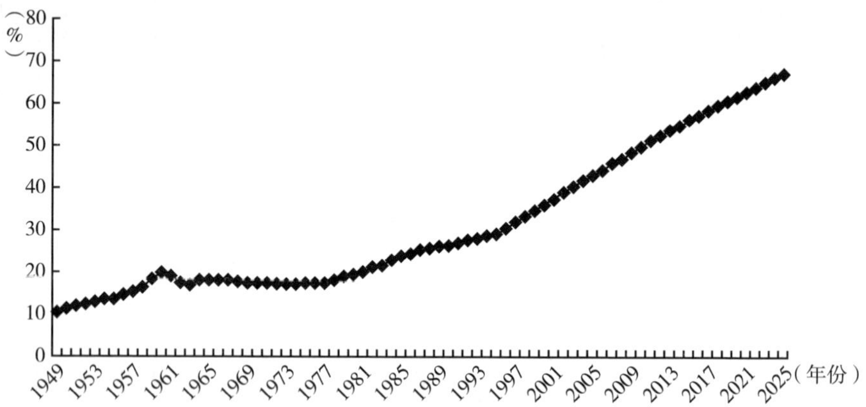

图2　2025年中国城镇化率预测

根据中国2035年远景规划，2020~2035年人均GDP翻一番，2035年人均GDP达到中等发达国家水平，即人均GDP达到2万美元左右。按照人均GDP年均增长5%计算，2025年人均GDP达到1.37万美元。从五大发达经济体来看，人均GDP达到1.37万美元时（按照2010年不变价美元），美国、英国、法国、日本、意大利的城镇化率分别为58.00%、78.44%、63.49%、68.70%、61.84%。其中，最高的是英国，达到78.44%，五大经济体城镇化率的平均值为66.09%（见表2）。

表2　发达经济体人均GDP达到1.37万美元时的年份和城镇化率

国家	人均GDP1.37万美元时的年份	人均GDP1.37万美元时的城镇化率(%)
美国	1942	58.00
英国	1960	78.44
法国	1962	63.49
日本	1966	68.70
意大利	1965	61.84

资料来源：世界银行数据库，Wind数据库。

通过与五大发达经济体进行对标研究，中国 2025 年城镇化率的预测值比同等人均 GDP 水平下的英国、日本低一些，比其他发达国家高一些，有以下原因：①中国人口众多，而适合人们居住的平原、低山和丘陵面积仅占全国的 1/4。为了集约利用土地，客观上要求中国具有较高的城镇化率。②2019 年中国乡村人口仍有 5.26 亿人，农民工 2.91 亿人，乡村人口占总人口的比重为 37.29%，而第一产业产值占 GDP 的比重仅为 7.10%，乡村人口规模依然很大。随着中国户籍制度的改革以及农村土地流转与土地规模经营的推进，城市户籍带来的阻力下降、农村带来的推力增大，中国的城镇化仍有很大的发展空间。③经过改革开放 40 多年的发展，中国人均 GDP 已经突破 1 万美元，中等收入群体超过 4 亿人，人力资本加速积累，供给与需求构成的经济增长动力强劲，从而为中国城镇化快速发展提供了动力支撑。④发达经济体人均 GDP 达到 1.37 万美元的时间分布于 1942 ~ 1966 年，而中国人均 GDP 达到 1.37 万美元的时间在 2025 年左右。城市最优规模是一个动态概念，动态变化的最为重要的基石是技术进步。两个时间段的技术发展水平差异很大，2025 年较高的技术水平能够更好地克服城市规模扩大带来的拥挤效应，增大城市的最优规模，从而为提高城镇化率提供更多技术支撑。

三　城镇化与内需增长的理论逻辑

本部分将重点分析城镇化与内需增长的理论机理与经验关系，明确“为什么”这个问题。

（一）基本假设

中国最大的内需在城镇化，城镇化主要通过扩大消费和扩大投资两大渠道拉动内需。基于中国城乡劳动和资本的流动，建立新经济地理模型，主要包括以下假定：①两个区域。假定存在两个区域，初始时两个区域在偏好、技术、开放度和初始的要素禀赋方面都是对称的。②两种要素。假定存在劳动和资本两种生产要素。考虑到总有一部分劳动力是无法实现城镇化的，假定这部分劳动力没有资本，只进行农业劳动；另一部分劳动力则可以从农村转移到城市工作，实现城镇化，并且这些劳动力携带的资本，随着劳动力的迁移而迁移。③两个部门。假定存在垄断竞争下的制造业部门 M 和完全竞争条件下的农业部门 A。制造业部门在 D - S 的垄断竞争下进行生产，生产每一种单位产品需要固定投入（F 单位的资本）和劳动力（每单位产出需要 a_m 单位的劳动力，工资为 w），制造业企业的成本函数为 $w(F + a_m x_i)$ 。制造业成本函数的特点决定了制造业生产的规模报酬递增。农业部门在完全竞争和规模报酬不变的情况下生产同质产品，且只使用农业劳动力，单位产出需要 a_A 单位的劳动力，工资为 w_A。④产品贸易。农产品可以在区域之间无成本贸易，而制造业产品则有交易成本，交易成本遵循冰山交易成本形式。如果在一个区域要出售一个单位的产品，必须从另外一个区域运输 τ 个单位的产品，$\tau - 1$ 个单位产品在运输途中消耗掉，这种消耗既包括各种有形和无形的运输成本，也包括货物运输中的损坏。因此，一个区域的制造业产品价格为 p，运输到另一个区域后价格变为 $p^* = \tau p$（见图 3）。

（二）消费者和生产者行为

1. 消费者行为

消费者的目标是效用最大化，代表性消费者效用函数包括两层结构，第一层效用使用柯布 - 道格拉斯（C - D）形式表达，第二层效用使用不变替代函数（CES）表达。

$$U = C_M^{\mu} C_A^{1-\mu}$$

$$C_M = \left[\int_{i=0}^{n+n^*} c_i^{\rho} di\right]^{1/\rho} = \left[\int_{i=0}^{n+n^*} c_i^{(\sigma-1)/\sigma} di\right]^{\sigma/(\sigma-1)}$$

其中，C_M 和 C_A 分别是制造业产品和农产品的消费，n 和 n^* 是两个区域的制造业产品种类，σ 是制造业产品之间的替代弹性。

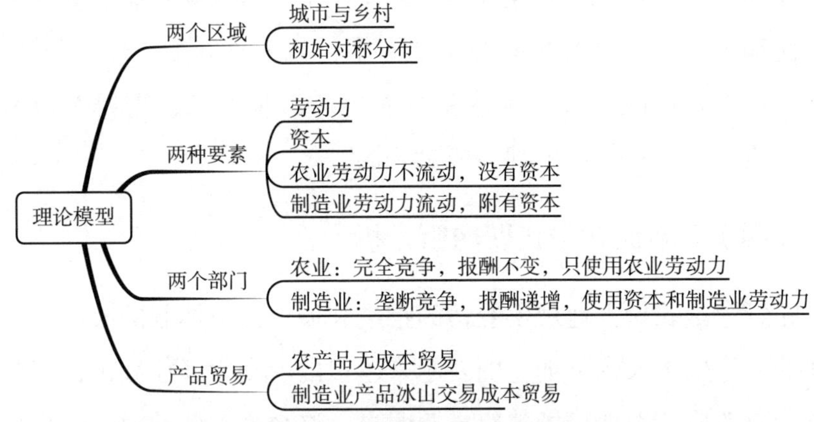

图 3　城镇化与内需增长模型的假定条件

2. 生产者行为

生产者的目标是利润最大化。在 D－S 垄断竞争框架下，生产者实施边际成本加成定价的策略。利润函数为：

$$\pi_i = p_i x_i - w(F + a_M x_i)$$

其中，p_i 和 x_i 分别为第 i 种制造业产品的价格和产量。

3. 劳动力和资本的流动

制造业工人空间流动的原因在于实际工资 ω 的差异。制造业工人的空间流动方程为：

$$\dot{s}_H = (\omega - \omega^*) s_H(1 - s_H)$$

制造业工人流动过程中，将携带其资本，构成了资本的流动。

（三）计量标准与单位

对于农业部门，设定 $a_A = 1$，则 $p_A = p_A^* = w_L = w_L^* = 1$。对于制造业部门，设定 $a_M = 1 - 1/\sigma$，则 $p = w$，$p^* = \tau w$，均衡时的企业规模为 $\bar{x} = F\sigma$。设 $F = 1/\sigma$，则 $\bar{x} = 1$。这意味着制造业工人在空间流动过程中，每人携带 $1/\sigma$ 的资本，每人具有 $1 - 1/\sigma$ 劳动力，每人生产 1 种产品。每个制造业企业生产 1 种产品，需要 1 位劳动力，制造业企业数量与劳动力数量相同。

（四）要素流动与长期均衡分析

随着中国农村土地规模经营的推进和城市经济体制的改革，城乡之间的交易成本大幅下降。随着越来越多的劳动力迁往城市，城市的价格指数效应和本地市场效应日益明显，这会推动劳动力进一步从农村聚集到城市。城市的实际工资为：

$$\widehat{\omega} = w[1 - \mu(2s_R - 1)] + \frac{\mu}{\sigma - 1}(2s_R - 1)n$$

其中，右边表达式的第一项表达的是本地市场效应（Home Market Effects），第二项表达的是价格指数效应（Price Index Effects）。

市场规模的表达式为：

$$s_E = \mu(w + n)$$

资本规模的表达式为：

$$s_F = n/\sigma$$

这个过程就是人口和资本向城市集中的过程，即城镇化过程。聚集过程如图 4 所示。

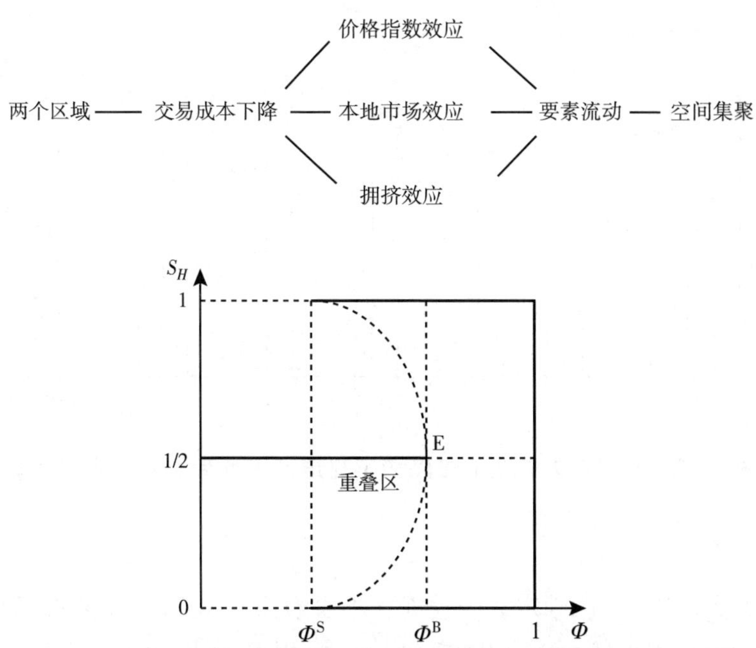

图 4　贸易自由度、劳动力流动与城镇化进程

四　城镇化与内需增长的现实逻辑

（一）城镇化与内需增长的基本事实

基于理论分析，城镇化通过扩大消费和扩大投资两条渠道来扩大内需。从消费看，中国城镇居民人均消费从 2013 年的 1.85 万元提高到 2019 年的 2.81 万元，中国农村居民人均消费则从 2013 年的 0.75 万元提高到 2019 年的 1.33 万元。城镇居民人均消费是农村居民人均消费的 2 倍以上（见图 5）。2019 年中国城镇化率达到 60.60%，城镇居民人均消费是农村居民人均消费的 2.11 倍，这意味着全国 76.41% 的消费市场在城镇。

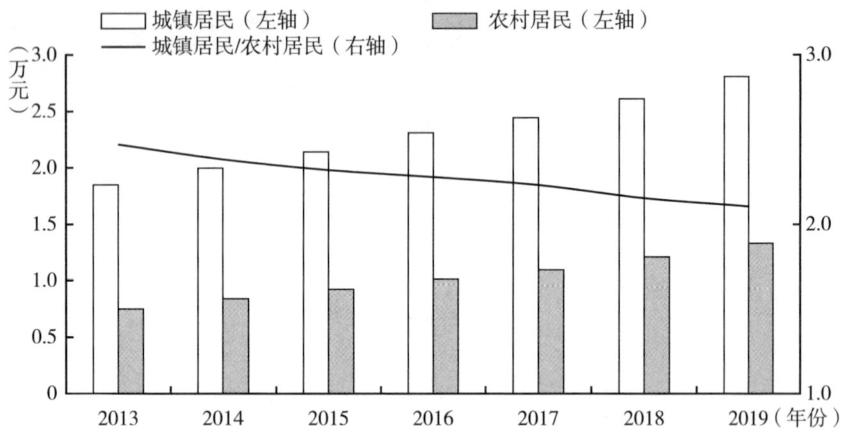

图5　2013～2019年城镇居民和农村居民人均消费支出及其比较

资料来源：中国统计局。

从投资看，中国固定资产投资（不含农户）从2013年的43.57万亿元增长到2018年的63.56万亿元，2019年降为55.15万亿元。固定资产投资（不含农户）占全社会固定资产投资的比重从2013年的97.64%提高到2019年的98.32%（见图6）。城镇是固定资产投资的主要区域。

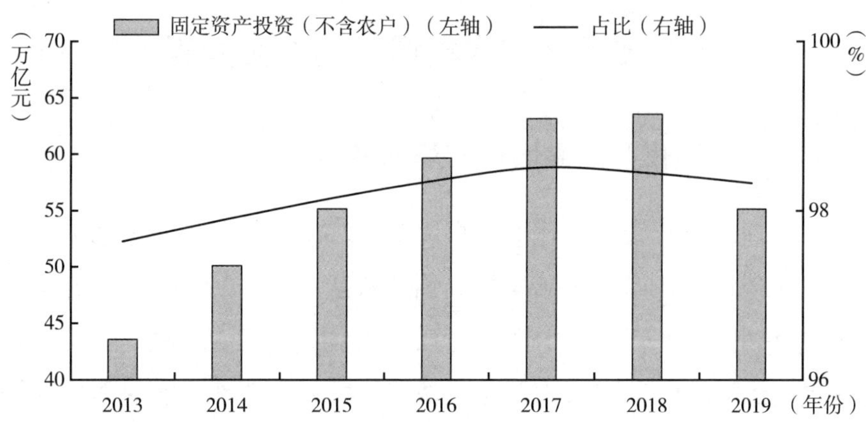

图6　2013～2019年中国固定资产投资（不含农户）及其占全社会固定资产投资的比重

资料来源：中国统计局。

（二）城镇化与内需增长的相关关系

城镇化与内需之间是一种相互促进的关系，城镇化推动内需增长，内需扩大反过来推动城镇化发展。为此，本部分不着眼于分析城镇化率与内需之间的因果关系，而是使用 2005 ~ 2017 年 31 个省域的面板数据分析城镇化率与内需增长的相关关系。城镇居民人均消费和城镇人均固定资产投资都使用价格指数进行了平减（2005 年的指数为 100）。

从城镇化率与城镇居民人均消费看，城镇化率与城镇居民人均消费之间形成了稳定的正向线性相关关系。根据数据的拟合结果，城镇化率平均每增长 1 个百分点，城镇居民人均消费增加 204 元（2005 年不变价）（见图 7）。

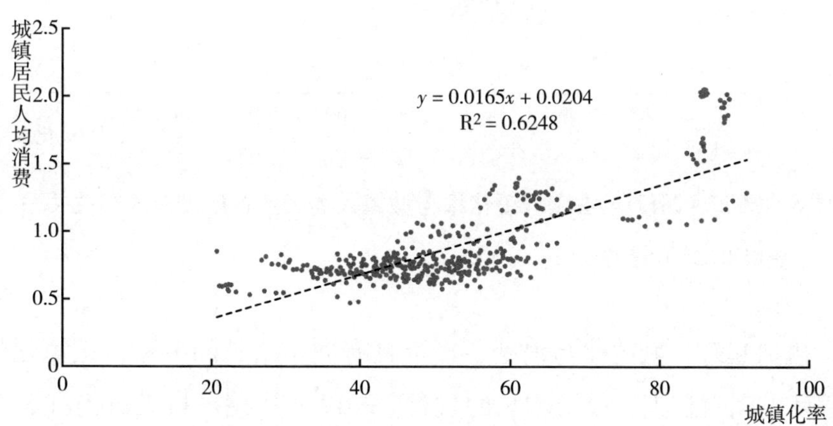

图 7　2005 ~ 2017 年省域城镇化率与城镇居民人均消费的相关关系

资料来源：中国统计局。

从城镇化率与城镇人均固定资产投资看，主要分为三种类型。第一种类型是西藏自治区，国家对西藏自治区的投资不断加大，其人均固定资产投资水平较高。第二种类型是北京、天津、上海、辽宁和黑龙江。京津沪的城镇化率较高，基础设施投资增长较慢。而辽宁和黑龙江近年来增长较为缓慢，“东北现象”再次凸显，财政收入增幅较小，客观上制约了城市的固定资产投资。第三种类型就是其他省域。第三种类型省域城镇化率与城镇人均固定资产投资之间形成了正向线性相关关系（见图 8）。根据数据的拟合结果，城镇化率平均每增长 1 个百分点，城镇人均固定资产投资增加 315 元（2005 年不变价）。

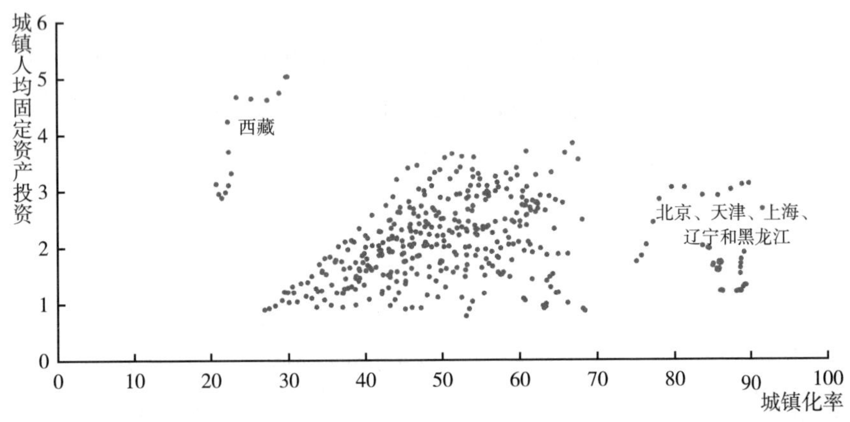

图 8　2005 ~ 2017 年省域城镇化率与城镇人均固定资产投资的相关关系

资料来源：中国统计局。

概括起来，城镇化与消费、投资具有同步增长的关系，城镇化的过程就是消费扩大、投资增长的过程。2019 年中国乡村人口仍有 5.26 亿人，农民工 2.91 亿人，乡村人口占总人口的比重为 37.29%，而第一产业产值占 GDP 的比重仅为 7.10%，乡村人口规模依然很大。随着中国户籍制度的改革以及农村土地流转与土地规模经营的推进，城市户籍带来的阻力下降、农村带来的推力增大，中国的城镇化仍有很大的发展空间，预测到 2025 年中国的城镇化率将达到 67.21%。这将进一步扩大消费与投资，促进中国内需增长。中国最大的内需在城镇化。

五 “十四五”时期中国内需市场的主体区域

“十四五”规划指出，以促进城市群发展为抓手，全面形成“两横三纵”城镇化战略格局。优化提升京津冀、长三角、珠三角、成渝、长江中游等城市群，发展壮大山东半岛、粤闽浙沿海、中原、关中平原、北部湾等城市群，培育发展哈长、辽中南、山西中部、黔中、滇中、呼包鄂榆、兰州—西宁、宁夏沿黄、天山北坡等城市群。本部分重点分析中国内需市场的主体区域，明确“在哪里”这个问题。城市群是未来中国区域空间的主体形态，中国内需市场的主体区域应由发育程度较高的核心城市群构成，这些核心城市群具有较强的活力与吸引力，是人口流入的主要集聚区；这些城市群经济社会联系紧密，是发育程度较高的城镇化区域；这些城市群代表着未来发展方向，是未来主导产业的主要承载区。基于这些方面的综合考量，研判“十四五”时期中国内需市场的主体区域。

（一）发展活力与城市群人口流入方向

中国内需市场的主体区域应由具有发展活力的城市群构成，而人口增长是反映城市群活力和吸引力的重要指标。选择2010～2019年中国311个地级及以上城市常住人口数据，分析发现269个城市的常住人口增长，2个城市的常住人口未发生变化，40个城市的常住人口下降。常住人口增长最多的区域主要集中在京津冀城市群、长三角城市群、粤港澳大湾区、成渝城市群、长江中游城市群，以及济南、郑州、青岛、厦门、西安、福州、南宁、贵阳、昆明、乌鲁木齐等省会或计划单列市（见表3）。其中，2010～2019年东部三大城市群常住人口增长3251.16万人，占到全国常住人口总增长的41.18%；成渝城市群常住人口增长494.74万人，占到全国常住人口总增长的

6.27%；长江中游城市群常住人口增长429.31万人，占到全国常住人口总增长的5.44%。概括起来，五大城市群的常住人口增长占到全国常住人口总增长的52.89%。

表3　2010～2019年城市常住人口增长最多的50个城市

单位：万人

位次	城市名称	增长额度	位次	城市名称	增长额度
1	深圳	306.68	26	南宁	68.32
2	天津	263.00	27	阜阳	64.50
3	广州	259.63	28	贵阳	64.21
4	成都	253.30	29	临沂	61.20
5	合肥	248.10	30	泉州	60.00
6	重庆	239.00	31	昆明	59.00
7	济南	209.04	32	茂名	58.51
8	北京	192.00	33	南昌	55.80
9	西安	172.94	34	保定	52.33
10	郑州	169.12	35	南京	49.53
11	杭州	165.50	36	香港	48.32
12	芜湖	151.40	37	菏泽	47.99
13	武汉	142.66	38	廊坊	47.27
14	长沙	135.38	39	珠海	46.21
15	上海	125.00	40	乌鲁木齐	43.90
16	淮南	115.30	41	昭通	42.65
17	马鞍山	99.40	42	亳州	40.20
18	佛山	95.95	43	沧州	40.10
19	宁波	93.10	44	凉山	39.50
20	儋州	92.07	45	玉林	39.04
21	铜陵	91.70	46	唐山	38.16
22	石家庄	86.74	47	洛阳	36.83
23	青岛	78.47	48	桂林	36.43
24	厦门	73.00	49	信阳	36.30
25	福州	68.46	50	邯郸	36.16

注：限于篇幅，只公布城市常住人口增长最多的50个城市，它们的人口增长占到全国人口总增长的65.10%。

资料来源：Wind数据库。

（二）SNA 与城市群经济社会关联度

中国内需市场的主体区域应由发育程度较高的城市群构成，而紧密的经济社会联系是反映城市群发育程度的重要指标。既有的研究大多根据重力模型计算城市间的经济社会联系度。然而，重力模型并不能直接反映城市之间的人口流动、货物贸易、信息交换等联系，也没有考虑不同城市之间的交通差异。近年来，中国的高速铁路建设非常快速，2020 年底营业里程达到 3.79 万千米，高速铁路的网络格局已具规模，网络效应日益凸显。高铁列车的车次能在很大程度上直接反映城市之间的经济社会关联度，一日内的车次越多，经济社会联系越强。同时，20 世纪 90 年代逐渐崛起的社会网络分析（SNA）为研究城市之间的经济社会联系提供了技术支撑与新的范式。为此，随机选择 2021 年一个工作日作为考察时间，借助 UCINET 软件，分析中国“十四五”规划提出的优化提升和发展壮大两类城市群（共十个城市群）内部主要城市之间的经济社会关联度。北部湾城市群内部主要城市之间没有开通高铁，因此分析京津冀城市群、长三角城市群、粤港澳大湾区、成渝城市群、长江中游城市群、山东半岛城市群、粤闽浙沿海城市群、中原城市群和关中平原城市群等九个城市群内部的经济社会关联度，研究发现：东部三大城市群内部的经济社会联系最强，尤其是长三角城市群和粤港澳大湾区内部的经济社会联系非常紧密，主要城市之间每日高铁列车接近或超过 200 次。成渝城市群和长江中游城市群内部的经济社会联系次之，主要城市之间每日高铁列车接近 100 次。而山东半岛城市群、粤闽浙沿海城市群、中原城市群和关中平原城市群的经济社会联系较弱，主要城市之间每日高铁列车大都为几十次。其中，粤闽浙沿海城市群内部的汕头市与其他主要城市之间还没有开通高铁列车，未形成完整的城市群内部高铁网络（见图 9）。

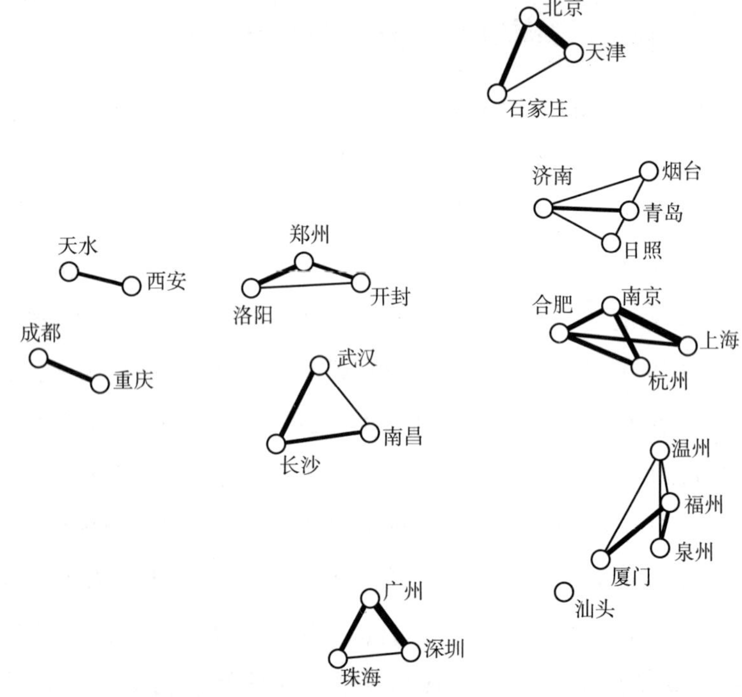

图9　2021 年某工作日九大城市群内部主要城市之间的高铁列次

注：连线越粗，代表高铁车次越多。

资料来源：铁路 12306。

（三）人工智能与城市群未来主导产业分布

中国内需市场的主体区域应由代表未来产业发展方向的城市群构成，而随着人类迎来新一轮科技革命，人工智能产业将是未来的主导产业。人工智能企业将通过资本深化、技能溢价等方式，促进经济活动的集聚。无论是从国家批复建设的人工智能创新平台和示范园区的分布看，还是从人工智能初创企业和应用企业的分布看，中国的人工智能产业均高度集中于京津冀城市群、长三角城市群、粤港澳大湾区、成渝城市群、长江中游城市群等五大城市群，从而为这些城市群

的未来发展提供了主导产业支撑。

1. 人工智能研发企业的空间分布

无论新一代人工智能开放创新平台、新一代人工智能创新发展试验区，还是人工智能初创企业，都主要集中在京津冀城市群、长三角城市群、粤港澳大湾区、成渝城市群、长江中游城市群等五大城市群，尤其是东部三大城市群。①从代表性的平台和试验区看，2017～2019 年中国科技部先后批复的 15 个国家新一代人工智能开放创新平台，全部位于东部三大城市群。其中，京津冀城市群 7 个、长三角城市群 5 个、粤港澳大湾区 3 个。2019～2021 年国家批复了 15 个新一代人工智能创新发展试验区，其中，京津冀城市群 2 个、长三角城市群 4 个、粤港澳大湾区 3 个、成渝城市群 2 个、长江中游城市群 2 个，五大城市群共计 13 个。②从初创企业看，2019 年人工智能初创 100 强企业位于京津冀城市群的有 51 家、长三角城市群 35 家、粤港澳大湾区 11 家，东部三大城市群共计 97 家（见图 10）。人工智能研发企业在五大城市群的集聚分布表明，五大城市群在人工智能相关人才、资源、政策等方面具有显著的先发优势。

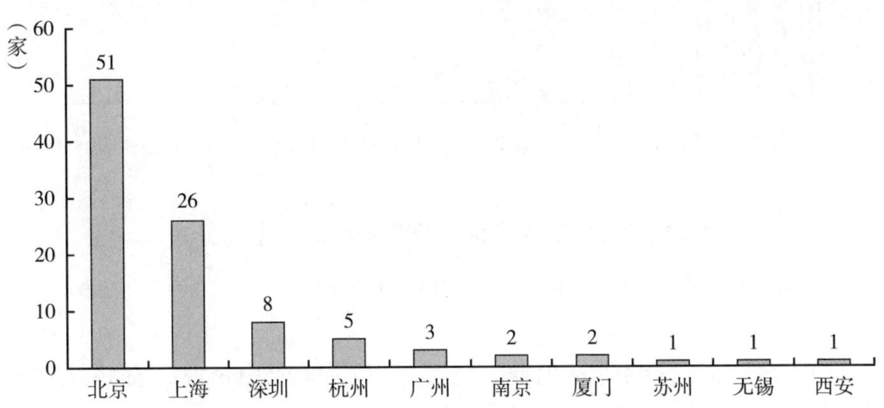

图 10　2019 年人工智能初创 100 强企业的分布

资料来源：2019 年中国人工智能商业落地研究报告。

2. 人工智能应用企业的空间分布

随着中国跨过刘易斯拐点，中国劳动力成本的快速上升在一定程度上提高了企业的成本。在全球竞争压力加大的背景下，大量企业已经努力通过资本替代劳动，降低劳动成本、提高经济效率。大型企业在资本、技术、人力资本等方面具有使用人工智能设备的优势条件，是人工智能应用的示范点与主战场。以 2019 年中国企业 500 强为考察对象，京津冀城市群、长三角城市群、粤港澳大湾区、成渝城市群、长江中游城市群等五大城市群分别布局有 128 家、123 家、57 家、28 家和 24 家中国 500 强企业总部，五大城市群合计集聚了 360 家中国 500 强企业总部（见图 11）。这些区域人才较为丰富、资金较为雄厚、技术较为发达，是应用人工智能的主要区域。

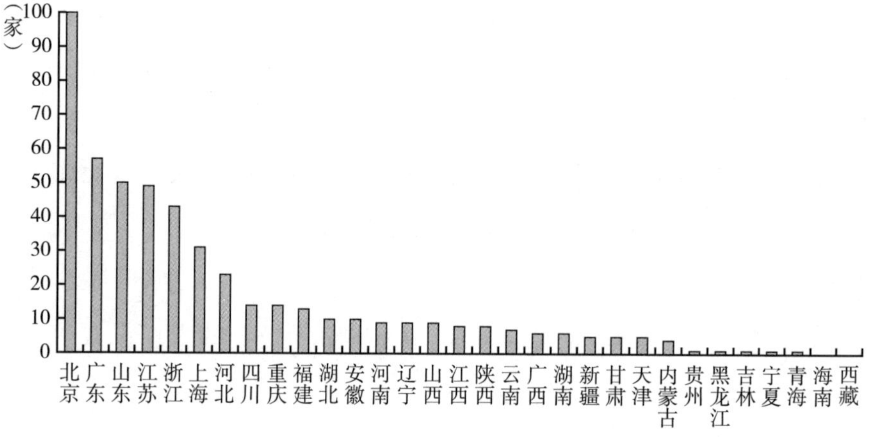

图 11　2019 年中国企业 500 强总部的空间分布

资料来源：根据 2019 年《财富》中相关数据整理。

无论是人工智能研发企业，还是人工智能应用企业，都将通过数字技术产业化和传统产业数字化，给经济社会系统带来颠覆性影响，产生不可估量的叠加效应、乘数效应，带来巨大的投资空间、技术红利与社会总财富。人工智能研发企业与应用企业在五大城市群的集聚分布，将进一步扩大五大城市群的先发优势，增强虹吸效应，吸引经济活动在这些区域的集聚，从而影响未来中国内需的主体区域。

（四）“十四五”时期中国内需市场的主体区域

产业集聚是经济活动的基本特征，是产业创新与区域竞争力的主要源泉。①从中国人口的空间流动看，东部三大城市群、成渝城市群、长江中游城市群的吸引力较强，是人口流入的主要区域。②从经济社会联系看，东部三大城市群之间的经济联系较为密切，其次是成渝城市群和长江中游城市群。较强的经济社会联系，反映出这些城市群的发育程度较高。③从人工智能研发和应用企业的空间分布看，五大城市群是人工智能相关企业的主要集聚区，是未来主导产业的主要空间载体。人工智能及相关企业将通过推进数字技术产业化和传统产业数字化，扩大城市群的先发优势，增强城市群的虹吸效应。综合这些方面的分析，“十四五”时期中国内需市场的主体区域将由京津冀城市群、长三角城市群、粤港澳大湾区、成渝城市群、长江中游城市群等五大城市群构成。其中，东部三大城市群朝着世界级城市群方向发展，而成渝城市群和长江中游城市群则朝着国家级城市群方向发展。五大城市群经济活力较强、经济社会联系紧密、代表未来产业发展方向，它们构成的主体区域具有“大分散、小聚集”的优势，既能够充分发挥聚集经济优势的作用，提升国家的国际竞争力，又能在其构成的“弓箭”形区域空间结构中有效控制城市群的拥挤效应，是未来中国较为合理的空间格局。

六　结论与建议

2020 年习近平总书记指出，加快构建完整的内需体系，逐步形成以国内大循环为主体、国内国际双循环相互促进的新发展格局。新发展格局是立足当前、着眼长远的战略谋划，重点是构建完整的内需体系。城镇化是形成国内大循环为主体、国内国际双循环相互促进格局的关键。

站在两个百年的交汇点上，“十四五”时期中国的城镇化要以中华民族伟大复兴为目标，坚持以人为核心的理念，着力解决重大问题，继续推动经济高质量发展。

（一）推进城镇人口的市民化

第一，推进农民工市民化，既是农民工的发展权利，也是重新挖掘人口红利的重要举措。同时，由于城市职工收入高于农村居民收入，农民工市民化也是拉动中国内需的重要组成部分。

第二，解决城市职工同工不同酬问题。当前，特别是大城市还存在相当数量的合同工，他们在城市生活与工作，但受制于“身份”，同工不同酬现象非常严重。解决城市职工同工不同酬问题，能够增加合同职工的幸福感与归属感，提高城市的吸引力，促进城市和谐发展。

（二）积极推进基本公共服务人均均等化与空间均衡化

随着中国城镇居民消费结构从“吃穿用”向“住行学”转变，需求与供给之间的矛盾日益突出。政府需要多措并举，着力提升“医疗保健”“交通通信”“教育文化娱乐服务”“居住”等公共服务的均等化，大幅度缓解人民群众日益增长的美好生活需要与不平衡不充分发展之间的矛盾，增进居民福利，优化资源配置，释放居民的消费潜力。

参考文献

许学强、周一星、宁越敏：《城市地理学》，高等教育出版社，2009。

杨晓光、程建华：《经济预测的认知与定量方法》，《系统科学与数学》2019 年第 10 期。

刘军：《整体网分析：UCINET 软件实用指南》，格致出版社，2019。

〔美〕埃里克·布莱恩·约弗森、安德鲁·麦卡菲：《第二次机器革命》，蒋永军译，中信出版社，2014。

Aghion Philippe, Jones Benjiamin F. and Jones Charles, “Artificial Intelligence and Economic Growth,” NBER Working Paper, 2017.

陈永伟：《人工智能与经济学：近期文献的一个综述》，《东北财经大学学报》2018 年第 3 期。

黄奇帆：《结构性改革——中国经济的问题与对策》，中信出版社，2020。

Fujita Masahisa and Jacques-Francois Thisse, “Economics of Agglomeration,” *Journal of the Japanese and International Economies*, 1996, (4).

Krugman Paul and Venables Anthony J., “Globalization and the Inequality of Nations,” *Quarterly Journal of Economics*, 1995, (4).

王国刚：《金融脱实向虚的内在机理和供给侧结构性改革的深化》，《中国工业经济》2018 年第 7 期。

B.6
双循环格局下的区域经济协同发展

——京津冀现状与展望

刘秉镰　李兰冰　边　杨*

摘　要：　京津冀协同发展战略是我国重大区域发展战略，不仅是实现区域协调发展的重要举措，也是实现“两个一百年”奋斗目标的重大部署。京津冀协同发展意义重大，同时肩负着“均衡”与“发展”的双重使命，既要着力解决地区之间断崖式落差、实现均衡发展，也要瞄准更高发展水平、实现赶超跨越发展，其中“协同”是手段、“发展”是目标。为应对复杂的国内外环境，我国做出了加快构建新发展格局的重大战略决策，京津冀协同发展应在新发展格局之下积极调整并有所作为。鉴于此，本报告将从区域发展战略演进视角探讨京津冀协同发展战略形成的背景，阐明京津冀协同发展的总体定位与空间布局，系统性地剖析京津冀协同发展的现状与问题，进而对京津冀协同发展的未来趋势予以探究。

关键词：　区域经济　京津冀　协同发展战略

---

* 刘秉镰，南开大学经济与社会发展研究院；李兰冰，南开大学经济与社会发展研究院；边杨，天津财经大学经济学院。

一　我国区域发展战略演进与京津冀协同发展战略

新中国成立以来，我国区域发展战略先后经历均衡导向—非均衡导向—协调发展导向—重点优先与协调并进导向等四个阶段。

一是区域均衡导向发展阶段（1940～1977 年）。新中国成立后，为了保障国家政权的稳定安全，在经济基础十分落后的条件下，中央采取了政府直接动员的方式进行资源配置，主要手段就是利用计划经济的系列制度安排。在这一时期区域战略以均衡发展为基本导向，通过调整内地与沿海生产力布局，服务于工业建设和国家安全。由于各地经济发展水平普遍落后，为建立战略防御型经济布局而实施向内地推进的区域平衡战略，实质上属于低水平协调发展。

二是区域非均衡导向发展阶段（1978～1998 年）。为改变国家经济发展落后和生产效率低下的局面，我国自 1978 年开始实施改革开放，东部沿海地区率先开放并进入经济发展快车道。这一时期以经济建设为中心、以效率优先为基本导向，采取了非均衡增长的区域战略，充分发挥沿海地区比较优势，带动了国家经济水平的快速提高。然而，伴随着经济快速增长，三大差距问题逐渐显现，导致了经济与社会不稳定因素的增加。

三是区域协调发展导向阶段（1999～2011 年）。为缓解三大差距，确保经济稳定运行，中央开始出台一系列平衡地区关系的区域发展战略和经济政策，如西部大开发、振兴东北老工业基地、中部崛起等。这一时期区域发展战略呈现兼顾效率与公平的政策取向，区域协调发展战略逐渐形成。

四是区域重点优先与协调并进导向阶段（2012 年至今）。面对经济由高速增长转为中高速增长、传统要素推进型增长方式逐渐失效的局面，迫切需要寻找新动能新增长点。与此同时，恰逢我国由“富起来”向“强起来”的历史性转型窗口，这也要求必须通过经济高质量发展实现中华民族的伟大复兴。通过深化改革开放持续释放区域发展潜力、向区域协调要红利成为增强经济发展新动能的重要出路。在此背景下，重点优先与协调并进的区域战略成为必然选择，呈现大尺度增长极培育与总体协调战略相结合的特征，更加兼顾财富生成与分配、效率与公平。

综上所述，中国创造了世界经济增长史上的奇迹，但与之相生的地区差距问题却十分突出，这影响了经济发展的平衡性、协调性和持续性，甚至可能成为引发深层次经济社会矛盾的导火索，中国迫切需要探索区域协同新路径，实现区域发展格局优化和挖掘经济转型升级新源泉已成为中国亟待破解的重大问题。[①] 在重点优先与协调并进的区域战略阶段，面临国际形势错综复杂与国内深层次矛盾凸显的双重压力，我国迫切需要寻求新的增长极，以促进更大空间尺度的区域协调发展。京津冀协同发展战略正是诞生于这一背景之下，该战略不仅关系到京津冀地区的发展，也关乎未来中国经济的总体格局，承担着促进中国南北平衡、促进中国深度改革与转型发展等重大国家任务。京津冀地区拥有北京和天津两大国际化大都市，具备海陆空交通枢纽的区域优势，具有科技创新以及现代制造业基地的发展基础，具备良好的公共服务和基础设施体系，是我国北方经济最发达的地区之一，具备发展成为北方经济增长极的潜力，对于促进区域协调发展具有至关重要的作用。具体来看，京津冀协同发展是面向未来打造新的首都经济圈、推进区域发展体制机制创新的需要，是探索完善城市群布局和形态、为优化开发区域发展提供示范和样板的需要，是探索生态文明建设有效路径、促进人口经济资源环境相协调的需要，是实现京津

① 李兰冰等：《雄安新区与世界级城市群建设》，《南开学报》2017 年第 4 期。

冀优势互补、促进环渤海经济区发展、带动北方腹地发展的需要。该战略的顺利推进不仅有利于京津冀地区的发展，而且也有利于促进我国经济发展向形态更高级、结构更合理的区域协调发展格局演化，为我国经济发展提供更有力支撑。

二 京津冀协同发展战略的总体定位与空间布局

2015 年，《京津冀协同发展规划纲要》出台，从战略意义、总体要求、定位布局、有序疏解北京非首都功能、推动重点领域率先突破、促进创新驱动发展、统筹协同发展相关任务、深化体制机制改革、开展试点示范、加强组织实施等方面描绘了京津冀协同发展的宏伟蓝图，是推动这一重大国家战略实施的纲领性文件。[①]

（一）京津冀协同发展战略定位

科学准确的定位是京津冀三地实现协同的基本前提和重要基础。《京津冀协同发展规划纲要》明确提出京津冀的总体定位如下。

以首都为核心的世界级城市群：疏解非首都核心功能，优化首都核心功能，强化京津双城联动，提升区域性中心城市功能，培育一批集聚能力较强的城市，打造现代化新型首都圈，建设以首都为核心、生态环境良好、经济文化发达、社会和谐稳定的世界级城市群。

区域整体协同发展改革引领区：积极推进战略规划、政策体系、管理体制等方面的统筹协调与融合互动，加快破解制约协同发展的行政壁垒和制度障碍，促进生产要素自由流动，加快改革创新步伐，建立健全协同发展机制体制，推动成为环渤海地区合作发展的中心区，

---

① 国家发展和改革委员会：《京津冀协同发展规划纲要》，https：//www. ndrc. gov. cn/gjzl/jjjxtfz/201911/t20191127_ 1213171. html，2019 年 11 月 27 日。

率先基本形成区域一体化新格局，为全国其他地区的协同发展发挥引领带动作用，提供可复制、能推广的经验。

全国创新驱动经济增长新引擎：充分利用北京科技创新资源富集、天津研发转化能力突出、河北转型发展势头良好的综合优势，大力实施创新驱动发展战略，坚持走内涵式发展道路，推进经济结构优化升级，进一步提高综合经济实力和国际竞争力，更好发挥对全国经济社会发展的重要支撑和引领带动作用。

生态修复环境改善示范区：以区域大气污染防治和水生态系统修复为重要突破口，推进经济发展、人口布局、资源开发与环境保护相协调，落实主体功能区制度，科学划定和严格执行生态保护红线，健全生态环境保护机制，推动绿色低碳发展，促进人与自然和谐相处，率先建立系统完整的生态文明制度体系。

在此基础上，对京、津、冀三地的功能定位予以明确。其中，北京市的功能定位为全国政治中心、文化中心、国际交往中心和科技创新中心，天津市的功能定位为全国先进制造业基地、北方国际航运核心区、金融创新运营示范区和改革开放先行区，河北省的功能定位为全国现代商贸物流的重要基地、产业转型升级试验区、新型城镇化与城乡统筹示范区和京津冀生态环境支撑区。京津冀三地城市功能定位各有侧重，北京市以功能疏解与优化发展为主，津冀以积极承接非首都功能、实现规模扩张与质量提升为主，三地共同服务于世界级城市群建设。

（二）京津冀协同发展空间布局

在空间布局上，京津冀按照“功能互补、区域联动、轴向集聚、节点支撑”的思路，以“一核、双城、三轴、四区、多节点”为骨架，构建以重要城市为支点，以战略性功能区平台为载体，以交通干线、生态廊道为纽带的网络型空间格局。

“一核”是以北京为京津冀协同发展的核心。

“双城”是指京津两市作为京津冀协同发展的主要引擎。

“三轴”是指京津发展轴、京唐秦发展轴和京保石发展轴。以轴串点，以点带面，推动产业要素沿轴向聚集，建设产业发展和城镇集聚轴带，构建支撑京津冀协同发展的主体框架。

“四区”是指中部核心功能区、东部滨海发展区、南部功能拓展区、西北部生态涵养区四个功能区。

“多节点”是发挥石家庄、唐山、保定、邯郸等区域性中心城市功能，打造河北经济增长极。强化张家口、承德、廊坊、秦皇岛、沧州、邢台、衡水等节点城市的支撑作用，进一步提高城市综合承载能力和服务能力，有序推动产业和人口聚集。

三　京津冀协同发展的现状及问题

自2014年京津冀协同发展战略作为重大区域战略被提出以来，京津冀协同发展战略已由顶层设计全面进入深化推进阶段。京津冀协同发展战略要求以疏解非首都核心功能、解决北京“大城市病”为基本出发点，调整优化城市布局和空间结构，构建现代化交通网络系统，扩大环境容量生态空间，推进产业升级转移，推动公共服务共建共享，加快市场一体化进程，打造现代化新型首都圈，努力形成京津冀目标同向、措施一体、优势互补、互利共赢的协同发展新格局。[①]该战略实施已经七年有余，在非首都功能疏解、雄安新区建设、产业升级与协作、交通一体化发展、环境联防联治、公共服务水平提升、机制体制创新等方面均取得了较为明显的成效，但是区域经济增速下

① 习近平：《疏解北京非首都功能》，http：//politics. people. com. cn/n/2015/0211/c70731－26543272. html，2015年2月11日。

降、区域创新共同体尚未建立、基本公共服务落差、地区间产业关联弱、营商环境有待改进和市场活力不足等问题依然突出，现已经进入爬坡过坎、滚石上山的纵深推进阶段。

（一）京津冀协同发展现状

1. 北京非首都功能疏解有序推进

京津冀协同发展战略实施以来，有序推进非首都功能疏解，空间布局和经济结构得到优化提升。一是严格把控非首都功能增量，出台实施《关于严格控制北京市域范围内新增项目审批的暂行规定》，严格执行《北京市新增产业禁止和限制目录》，累计不予办理新设立或变更登记业务超过2.3万件，显著控制了非首都功能增量。二是有效疏解非首都功能存量，2014年以来北京市累计退出一般制造业企业约3000家，疏解或提升各类市场和物流中心约1000个；推动20多所北京市属学校、医院向京郊转移。[①] 三是合理优化产业结构，为“高精尖”产业发展创造了有效空间，北京科技、信息、文化等“高精尖”产业新设市场主体占比从2013年的40.7%上升至2020年的60%[②]。四是科学提升空间布局，北京城市副中心加快建设，天坛医院、北京友谊医院通州新院区、中国人民大学通州校区、中央民族大学丰台校区等优质教育医疗资源外溢，实现了首都空间资源的更优配置，提高了空间使用效率，推动了首都高质量发展。

2. 雄安新区建设高标准高质量推进

2017年中央从“千年大计、国家大事”战略高度做出设立雄安新区的重大决策。雄安新区不是河北省一个简单经济功能区的建设，

① 《推进北京非首都功能疏解取得新突破》，《人民日报》2021年7月31日。

② 《推进北京非首都功能疏解取得新突破》，《人民日报》2021年7月31日。

而是京津冀世界级城市群建设的标志性成果，是我国向创新驱动型增长方式迈进的一次伟大尝试，也是区域均衡发展的关键环节。[①] 当前，雄安新区正在高质量、高标准地建设中：一是交通建设方面，2020 年底京雄城际铁路全线开通运营，北京至雄安最快 50 分钟到达，2021 年连通京、津、雄三地的京雄高速、荣乌高速新线、京德高速一期等 3 条高速将全部建成通车；二是营商环境建设方面，雄安新区深化“放管服”改革，营商环境持续优化，新区新注册企业超过 3500 家，其中超过八成来自北京；三是生态保护方面，千年秀林和雄安郊野公园建设累计植树 41 万亩，新区森林覆盖率达到 30%；白洋淀湖心区水质提升至Ⅳ类，达到近 10 年最高水平，淀面恢复至 290 平方公里。[②]

3. 区域产业升级与协作稳步推进

京津冀协同发展战略安排下，以“缺链补链、短链拉链、弱链强链、同链错链”为指引，北京外溢效应逐渐显现，天津和河北积极承接北京产业的疏解转移，区域产业升级与协作稳步推进。三地产业分工逐渐细化，区域产业协作逐步加强。三地政府积极对接，共同出台《京津冀产业转移指南》等政策文件，规划打造了 46 个专业化产业转移承接平台，有效推进了天津滨海—中关村科技园、北京现代沧州工厂、河北新发地物流园、保定中关村科技创新中心等一批具有标志性、示范性的重大合作产业项目建成。“十三五”期间，天津市共引进北京项目 3062 个、投资到位金额 4482 亿元。[③] 截至 2020 年底，河北省累计承接京津转入法人单位 24771 个、产业活动单位 9045 个。[④]

---

① 刘秉镰、孙哲：《京津冀区域协同的路径与雄安新区改革》，《南开学报》（哲学社会科学版）2017 年第 4 期。

② 雄安新区：《建设全面提速　打造未来之城》，《新闻联播》2021 年 4 月 1 日。

③ 天津市人民政府：《天津市 2021 年人民政府工作报告》，http：//www.tj.gov.cn/zwgk/zfgzbg/202102/t20210201_ 5343672.html，2021 年 2 月1 日。

④《全省累计承接京津转入法人单位 24771 个》，《河北日报》2021 年 2 月 14 日。

表1　天津产业承接平台及承接的产业

行政区	平台	承接产业
滨海新区	滨海—中关村科技园、中心商务区企业总部集聚区	科技创新和研发转化，企业总部和二级总部、区域总部、功能中心，先进制造，现代服务、国际航运、现代金融，教育、医疗机构和文化休闲资源
和平区	海河—南京路亿元楼宇	商业金融、航运服务、文化旅游
河西区	陈塘自主创新示范区	文化金融、研发设计、软件信息
南开区	南开区西部片区	科技服务、科技金融、生物医药
河东区	金茂产业园	电力电气、贸易金融
河北区	意式商务区	科技研发、商务服务、创意产业
红桥区	光荣道科技产业园	文化创意、消费金融、商贸服务
东丽区	华明—东丽湖片区	科研机构、机器人制造、旅游休闲
西青区	南站科技商务区	电子信息、汽车、科技服务
津南区	海河教育园区高研园	信息装备、科技研发与成果转化、商务服务
北辰区	高端装备制造产业园	机械装备制造、信息技术和生物医药
武清区	国家大学创新园区、京津产业新城	高等院校、科技研发与成果转化、生物医药、电子商务
宝坻区	京津中关村科技新城	科技研发、信息技术、健康养老
宁河区	未来科技城宁河片区	汽车、智能机械制造、电商物流
静海区	团泊健康产业园	大健康、循环经济、现代物流
蓟州区	京津州河科技产业园	环境科技、休闲旅游和健康养生

资料来源：根据《关于加强京津冀产业转移承接重点平台建设的意见》整理。

4. 轨道上的京津冀建设进展顺利

打造安全、高效、便捷、绿色、智能的京津冀综合交通体系是京津冀协同发展的重要内容。京津冀交通一体化全面加速，在轨道交通、民航、公路、港口等方面均取得突破性进展：轨道交通方面，伴随津保高铁、京滨城际、京张高铁、京雄城际等重点工程推进，区域交通效率及交通品质显著提升，为构建便捷舒适的京津冀1小时生活圈提供了出行支撑；民航方面，随着北京大兴国际机场正式通航，京津冀机场群分工协作体系逐步形成；公路方面，京津冀瓶颈路和断头路基本实现全部打通，京津冀发达的高速公路网已经形成；港口方面，天津港、曹妃甸港、黄骅港、秦皇岛港、唐山港等吞吐量过亿吨的大港串联，互惠互利，错位发展，功能完善、分工合理、高效协同的津冀世界级港口群初步形成。

表 2　京津冀轨道交通发展历程

线路名称	通车年份	联系城市(京津冀范围)	主要功能
京津城际	2008	北京、天津	北京与天津城际联系为主
京沪高铁	2011	北京、天津、沧州	与长三角之间联系
京广高铁	2012	北京、保定、石家庄、邯郸、邢台	与珠三角之间联系
津秦高铁	2013	天津、唐山、秦皇岛	与东北方向联系
津保高铁	2015	天津、保定	实现天津方向与京广高铁沿线互联互通
京滨城际	2017	北京、天津滨海	北京与天津城际联系为主
京唐城际	2017	北京、唐山	北京与唐山、秦皇岛城际联系为主
京张高铁	2019	北京、张家口	北京与张家口城际联系为主
京沈高铁	2020	北京、承德	与东北方向联系
京雄城际	2020	北京、雄安	北京与雄安城际联系为主

资料来源：王宇、杜恒、殷会良：《“轨道上的京津冀”新格局》，《综合运输》2021 年 6 期。

5. 生态环境联防联治和公共服务共享共建取得明显进展

近年来，京津冀三地生态环境联防联治效果明显。2019 年，京津冀三地万元 GDP 能耗按可比价计算分别比上年下降 4.53%、1.33% 和 5.28%。在空气质量方面，京津冀地区 13 个城市空气质量达到二级以上天数占全年比重为 62.6%，比上年提高 4.0 个百分点；2019 年区域 PM2.5 年均浓度为 50 微克/立方米，比上年下降 9.1%。其中，京、津、冀三地 PM2.5 年均浓度分别为 42 微克/立方米、51

微克/立方米和50.2微克/立方米，比上年分别下降17.6%、1.9%和5.8%。在绿色投资方面，区域节能环保支出比上年增长16.2%，占一般公共预算支出的比重为5.4%，比上年提高0.5个百分点。在生态建设方面，区域人均城市绿地面积由上年的19.1平方米增至2019年的19.7平方米。①

与此同时，京津冀公共服务协同治理是补齐三地公共服务落差的关键举措。近年来，京津优质公共服务外溢效应逐渐显现，区域公共服务水平显著提升。比如，优质医疗资源方面，京津冀三地试点医疗机构建立临床检验结果互认和医学影像检查资料共享机制，北京儿童医院托管保定儿童医院等一批医疗合作项目落地；优质教育资源方面，北京市与雄安新区、保定、廊坊“北三县”等周边地区开展中小学共建、教师培训交流、设立分校等合作。

6. 区域协同体制机制取得新进展

京津冀地区着力破解“一亩三分地”的传统理念，积极推进区域协同体制机制创新。以财税制度改革创新为例，京津冀地区创新形成了中央政府主导供给、北京主导“双边合作”供给以及京津冀三地合作供给三种区域性公共产品供给模式，为交通、环境及产业的区域性公共产品供给提供了有效支撑；探索并建立了京冀和津冀横向财政转移支付制度，为区域生态治理、扶贫开发建立了制度保障；财政投融资体制改革取得明显成效，推动市场力量参与京津冀区域公共产品供给，为提高财政投资效率创造了有利条件。

（二）京津冀协同发展面临的问题

一是区域经济增速有所下降，京津冀地区经济下行压力加大。京津冀地区与国际先进水平相比有较大差距，在全国发展格局中的经济

① 数据来源于国家统计局。

地位也有所下降。从国际比较看，发达国家世界级城市群的人均 GDP 通常在 3 万美元以上，而京津冀地区人均 GDP 仅为 1.2 万美元。从国内比较看，京津冀经济总量增长速度相对较慢、在全国占比有所下降，京津冀占全国 GDP 的比重由 2014 年的 9.1% 下降为 2020 年的 8.5%；京津冀地区人均 GDP 与全国人均 GDP 的比值由 2014 年的 1.28 倍下降为 2020 年的 1.08 倍；经济密度方面，京津冀经济密度较低，2020 年地均 GDP 仅为长三角的 40% 和珠三角的 25%，与建设世界级城市群、打造中国经济发展新支撑带的目标仍有一定距离。与此同时，从京津冀内部来看，河北经济发展与京津相比仍存在较大差距。2020 年，北京、天津、河北省人均 GDP 分别为 16.8 万元、9 万元、4.7 万元，河北人均 GDP 分别为北京的 28.3%、天津的 52.6%①，三地之间显著落差影响了区域经济发展的协调性。

表 3　2014 ~ 2020 年京津冀 GDP 水平

单位：亿元，%

年份	全国 GDP	京津冀 GDP	京津冀 GDP 占全国比重
2014	643563.1	58775.5	9.1
2015	688858.2	62057.0	9.0
2016	746395.1	66992.5	9.0
2017	832035.9	72974.4	8.8
2018	919281.1	78963.5	8.6
2019	986515.0	84479.2	8.6
2020	1015986.0	86393.2	8.5

资料来源：北京市统计局。

二是区域创新共同体尚未建立，优质要素集聚能力弱。北京是全国科技中心，主要依靠科研院所高度集聚的优势进行知识型创新，但

① 根据国家统计局、北京市统计局相关数据计算。

其就地就近的技术转化比例低，技术输出呈蛙跳状向长三角和珠三角转移，津冀两地的临近优势并未发挥。2020 年北京流向津冀技术合同成交额占其流向外省市技术合同成交额的比例仅为 9.3%。[①] 津冀两地对科技资源的吸纳、聚集与整合能力不强的原因如下：一是科技创新对产业的支撑和核心引领作用不突出，具有创新引领性的龙头企业少；二是技术交易市场不发达、产业配套体系不完善，科技的产业转化渠道不畅；三是民营经济不发达，市场化程度低，创新氛围不活跃。此外，京津冀人才吸引力不足，2016～2019 年京津冀人才净流入占比分别为 -0.4%、-1.9%、-2.9%、-4.0%，人才净流出规模逐渐扩大，三地顶尖的院士人才比例为88.5∶7.6∶3.9，[②] 北京与津冀两地高层次人才落差呈现断崖式，进一步加剧了区域性人才结构问题。

三是基本公共服务落差显著，要素资源配置难协调。国内外发展经验表明，公共服务通过调节公共投资、要素集聚与配置等路径对地区发展具有较大影响，并成为缩小区域间差距、促进区域发展的重要变量。河北省在教育资源、医疗卫生、就业服务等方面与京津两市相比仍有显著差距，北京的虹吸效应依然明显，河北省诸多城市的人口与产业集聚能力不足，公共服务落差直接制约了其对人口、技术及资本等要素的集聚能力，使其发展潜力难以充分释放。

四是地区间产业关联较弱，分工合作体系仍有待进一步完善。首先，北京处于后工业化时期，天津处于工业化后期，河北则处于工业化中期，三地之间在产业发展水平和发展质量层面的差距显著，这导致三地产业对接难度大。以 2020 年为例，北京三次产业占比为 0.4∶15.8∶83.8，天津为 1.5∶34.1∶64.4，河北为 10.7∶37.6∶51.7。

① 根据科技部相关数据计算。

② 叶堂林等：《京津冀发展报告（2020）》，社会科学文献出版社，2020。

其次，受既有利益格局的约束，京津冀三地仍存在产业自成体系、产业同构化现象，导致重复建设、规模经济不足等问题，地区之间的比较优势难以充分发挥。最后，企业间的节点式联系并不少见，但京津冀地区产业链配套不完善，完整的产业链尚未形成，实际上这是造成北京技术创新难以在津冀地区进行转化的重要原因。这也是京津冀地区内生性增长动力不足的主要成因。

五是营商环境仍有待改进，市场活力有待进一步释放。营商环境是影响区域经济发展的重要变量。《中国营商环境指数蓝皮书(2021)》指出，京津冀区域营商环境指数高于全国平均水平，其中北京市营商环境指数居全国第2位，天津市营商环境指数居全国第6位，河北省营商环境指数居全国第18位，津冀两地营商环境仍有较大改进空间。此外，京津冀地区迫切需要加快探索区域协同发展机制体制创新，以现代化区域治理体系破解市场分割等难题，为进一步加速要素自由流动、激发市场活力提供有效支撑。

四　新发展格局与京津冀协同发展展望

在新发展格局之下，京津冀协同发展面临着新环境、新要求：一是面对世界经济低迷、全球市场萎缩和外需对我国经济带动力减弱等外部环境，需要打破行政分割与市场分割，有效降低交易成本，通过构建区域共同市场促进内需潜力释放和市场规模优势发挥，为我国国内大循环体系构建提供战略支点。二是面对全球产业链本地化趋势，京津冀产业链重塑任务艰巨，迫切需要抓住新一轮技术革命和产业革命的历史机遇，补齐产业链供应链短板、优化区域产业链布局，着力提升产业链供应链现代化水平，提高供给体系对国内需求的适配性。三是中国融入经济全球化的大势不可逆转，京津冀地区迫切需要激发海空口岸等战略资源的协同发展潜力，塑造国际竞争新优势，在全球价值链和产业链中占据有利位置，为实现国内国际双循环相互促进提供有力支撑。①

（一）破解发展困境，提升区域经济实力和水平

京津冀协同发展的目标是构建世界级城市群，发展是解决一切问题的基础，也是京津冀地区破解不平衡不充分发展难题的关键。面对目前经济总量和增速的双重压力，京津冀地区必须首先破解经济发展的困境，尽快地提升整体经济实力，缩小与世界级城市群之间的差距。因此，京津冀协同发展应全力解决区域经济发展动力问题，实现新格局下的高质量发展，这也是建设世界级城市群、赶超国际先进水平的必然要求。应以“三链”协调发展为重要切入点，围绕产业链培育创新链，围绕创新链拓展价值链，实现创新驱动、产业发展与结构优化升级相辅相成、协同并进，促进地区经济高质量发展，打造经济发展新高地。

（二）加快北京非首都功能疏解，实现疏解与承接的有序衔接

中央多次提出要破解“一亩三分地”的传统理念，加强三地经济功能协调与统筹。应积极稳妥有序疏解北京非首都功能，落实京津冀三地功能定位，拓展京津冀协同发展的广度和深度。一方面，应深入推进北京中心城区和核心城区的功能重组，在高质量建设北京城市副中心的同时，研究出台有针对性的北京非首都功能疏解政策，不断完善疏解激励约束政策体系，率先向雄安新区及周边地区疏解一批具有较强影响力和带动性的优质项目，发挥示范效应，积极推进非首都功能向京外疏解，为首都全国政治中心、文化中心、国际交往中心、科技创新中心功能建设腾退有效空间，缓解“大城市病”，进一步提高首都城市建设水平。另一方面，建设高水平承接平台，健全承接机

① 李兰冰：《新发展格局与京津冀协同发展》，《天津日报》2021年3月8日。

制。遵循与津冀功能定位相适应、资源环境承载力相匹配、产业转移重点相衔接等原则，培育和储备一批有潜力的承接平台，全面提升津冀两地专业化、特色化承接能力，保障疏解项目能落地生根，并与当地产业协同形成高效的价值链和产业链。积极探索、及时总结并复制推广非首都功能疏解经验，全面提高疏解承接成效。

（三）依托北京国家科技中心优势，建设京津冀区域创新共同体

紧密依托北京国家科技创新中心的优势，通过构筑京津冀区域创新共同体，以知识、技术和创新为核心，推动经济结构调整并形成持续性经济增长动力。一是充分整合以北京为核心的京津冀科研资源，搭建科技创新、产业合作和创新联盟三大平台，加强三地在基础研究、转化应用、成果推广等方面的协同，有效运用总部—生产基地、产业链合作、总部—分支机构、园区共建等多种模式促进创新成果共建共享。二是京津冀三地在“原始创新—创新成果产业化”的链条上进行科学合理分工，精准对接国家重点实验室、国家工程技术研究中心以及中科院等技术转移，共建创新驱动聚集区。三是充分发挥国家高新区及国家自主创新示范区的引领带动作用，推进新兴技术突破与新兴产业培育。四是借鉴美国硅谷和深圳的建设经验，全力打造技术交易平台和区域性技术交易市场，使得北京国家科技创新中心的作用能够有效发挥，同时也可促进该地区的创新型经济发展。五是积极推进产业结构布局与城市功能定位有机结合，实现城市功能、服务层次与周边地区的合理梯度分布，既可有效疏解北京非首都功能，又可吸纳优质资源，提高城市群规模效应。六是加快建立健全知识产权保护和创新评价制度体系、科技成果处置收益和股权期权激励制度等激励创新的政策体系和保护创新的法律制度，形成多元参与、协同高效的区域创新治理格局。

（四）协同优化营商环境与提升城市品质，增强优质要素集聚力

通过比较京津冀地区与长三角、珠三角的发展差距可以明显发现，京津冀地区市场化程度相对较低，营商环境有待优化，对要素的吸引力相对不足。因此，应全面对标世界银行《全球营商环境报告》提出的评价维度，对京津冀三地营商环境进行系统性评估，识别短板和解决问题。借鉴新加坡、新西兰、丹麦、英国、美国等国家培育营商环境、吸引要素集聚的经验，探索京津冀地区优化国际营商环境的可行路径，通过提高国际化与市场化程度增强对优质要素的集聚能力。积极建设有为政府，从完善民营经济发展的制度供给环境、提升跨境贸易便利化水平、推进要素市场化配置等方面改善区域营商环境。与此同时，应充分重视要素流动规律的变化，后工业化社会地区间要素流动的关键体现为人才、技术与创新资源，资本呈现向人才、技术与创新资源集聚的趋向，城市品质成为影响人才、技术与创新资源集聚的重要因素。在当前信息系统和交通运输体系十分发达的时代，人才聚集的原动力与地区生活品质越来越密切。京津冀地区应充分关注城市品质和城市生活质量的建设，不断完善城市公共服务和基础设施体系，不断优化城市功能，增强对人力资本尤其是创新型人力资本的吸引力。

（五）充分发挥口岸优势，建设区域协同开放新高地

京津冀地区应充分发挥海港、空港等口岸优势与天津自贸试验区以及河北自贸试验区等空间载体和政策平台联合共建与世界级城市群相适应的对外开放新高地。一是采用多种方式建立竞争机制，促进口岸由通道功能向枢纽功能、开放功能、产业功能和贸易功能拓展转型，激发口岸经济发展潜力，使口岸成为连接国内外市场和国内外资

源的重要节点，以更高水平对外开放促进经济高质量发展。二是京津冀三地之间的空港和海港应进一步优化功能，形成功能协调的空间布局，避免低水平的同质化竞争，构建以差异化优势为基础、分工定位明晰的港口群和机场群，以合力共同助力京津冀地区对外开放平台建设。三是更好地发挥自贸区的政策平台优势，以企业为龙头推进自贸区发展，探索建设协同开放创新区，做好试点经验的复制推广工作。

（六）推进重点地区建设，优化世界级城市群空间结构

按照《京津冀协同发展规划纲要》的要求，完善世界级城市群的空间结构，除了继续推进北京城市副中心和雄安新区发展之外，应对一核、双城、三轴、四区、多节点的空间布局予以统筹安排，加速推进世界级城市群的空间结构调整。一方面，积极推动北京、天津和石家庄等都市圈建设，打通三大都市圈间的联系通道，促进各类生产要素和商品服务向都市圈集聚；加快培育北京城市副中心、雄安新区和滨海新区等京津冀地区的经济增长极，打造科技资源、创新要素和高端产业的集聚区，优化区域产业和人口空间布局，形成合作互补的分工格局，为建设世界级城市群形成增长动能。另一方面，应充分利用京津两个超大城市的优势，以京津轴线建设为契机，以填补京津之间洼地为抓手，加速京津都市连绵带建设。国际经验表明，都市连绵带是世界级城市群形成的关键环节。京津两大都市具备建成都市连绵带的良好基础，京津两市人口超过 4000 万，北京城市中心功能向东南拓展、通州成为城市副中心，天津则已完成中心城区到滨海新区的都市化布局，京津之间串珠式空间布局初具雏形。以“一核、双城”为依托有可能率先建成京津都市连绵带，成为世界级城市群的空间主骨架，为京津冀世界级城市群建设提供重要支撑。因此，可在“通武廊”的基础上，致力于填平京津之间的洼地，沿“北京中心城区—通州—武清（北辰）—天津中心城区—滨海新区”加速新型城镇

化建设，打造都市连绵带，促进京津冀世界级城市群的城市规模体系优化。

（七）加强地区间产业分工合作，完善现代化产业体系

深化区域产业分工，完善现代化产业体系，是京津冀协同发展的重要着力点。一是推进京津冀产业链区域集群化发展，深化区域产业分工合作。以“技术进链、企业进群、产业进带，缺链补位、短链拉长、弱链增强、同链错构”为原则，构建北京侧重于研发创新、天津侧重于科技成果转化和先进制造、河北侧重于关键零部件配套的产业链分工和技术创新格局，推动区域产业基础高级化和产业链现代化。通过一批重点产业项目布局带动形成若干条跨地合作的产业链，为培育世界级产业集群创造基础条件。二是搭建区域产业共享服务平台，提高产业配套水平。优化提升现有产业服务平台功能，面向企业特别是中小企业提供研发、设计等技术服务以及咨询、培训等综合服务，促进京津冀产业转型升级。推进5G、人工智能等新型基础设施建设，提升中关村及其津冀分园等创新能级，强化区域产业配套保障。三是建立分级分类战略物资的完整产业链安全管理体系，建立健全相关工作机制和应急预案，优化重要战略物资产能保障和区域布局。

（八）建立健全区域协同发展机制体制，推进区域治理现代化

京津冀协同发展机制体制创新的核心是打破行政分割与地方保护，转变“一亩三分地”的定式思维，促进行政分割向区域融合发展。应以深化改革为基础、以治理现代化为目标、以地方政府利益协调为抓手，促进区域间协同管理，充分发挥市场在资源配置中的决定性作用，实现更大空间尺度上要素的优化配置，实现京津冀城市群高质量协同发展。一是率先开展要素市场化配置体制机制综合改革试

点，探索跨区域统筹土地指标、盘活空间资源的土地管理机制，提高京津冀土地资源利用效率，探索促进人口、技术、资本、数据等各类要素跨区域自由流动的制度安排。二是积极探索区域统一的财政税收、金融投资、产权交易、技术研发、创业就业等政策，建立一体化的共建共享、协作配套、统筹互助等机制。三是强化区域基本公共服务标准和制度衔接，探索区域公共服务便捷共享政策，打破要素流动壁垒，促进地区间的要素自由流动。可探索运用签订政府间合约的治理方式，在公共交通、社会安全与消防、垃圾无害化等基础设施建设中签订有条件共享合约，加快区域协调治理步伐。四是探索项目跨区域协同管理服务机制，赋予“通武廊”（由北京市通州区、天津市武清区、河北省廊坊市组成）、“静沧廊”（由天津市静海区、河北省沧州市和廊坊市组成）等地区开发建设管理机构更多项目管理权限，统一管理跨区域项目。

参考文献

李兰冰等：《雄安新区与世界级城市群建设》，《南开学报》2017 年第 4 期。

刘秉镰、孙哲：《京津冀区域协同的路径与雄安新区改革》，《南开学报》（哲学社会科学版）2017 年第 4 期。

王宇、杜恒、殷会良：《“轨道上的京津冀”新格局》，《综合运输》2021 年第 6 期。

叶堂林：《京津冀发展报告（2020）》，社会科学文献出版社，2020。

B.7
面向新阶段、新格局下的中小企业调查

罗 知*

摘　要： 我国已经转向高质量发展阶段，但重点领域关键环节的改革任务仍然艰巨。在新发展阶段，加快形成双循环新发展格局必须坚持供给侧结构性改革的战略方向，其中的关键就是通过创新催生增长新动能、通过深化改革不断激发市场新活力。而中小企业是市场中最具有活力、最有创新力的主体，也是我国经济韧性的重要基础，是保就业的主力军，是提升产业链、供应链稳定性和竞争力的关键环节。因此，推动中小企业健康发展是构建新发展格局的有力支撑。2021年，全球疫情仍然持续，各国经济尚未恢复，新一轮科技和产业变革的变化叠加疫情的影响让中小企业加速“洗牌”。很多中小企业面临着市场不确定性、市场疲软的困难，也面临着缺乏核心竞争力的困境。通过开展“中小企业运行情况”问卷调查对相关样本分布情况、企业运行情况、企业运行中面临的主要困难、企业对政府服务和惠企政策的期待等展开分析，为推动中小企业健康发展构建新发展格局提供有力支撑。

---

* 罗知，武汉大学中国新民营经济研究中心主任，武汉大学经济系教授。

关键词： 中小企业 民营企业 惠企政策

一 样本分布情况

样本企业的行业分布情况如表1所示，其中，农、林、牧、渔业企业占比1.44%，制造业企业占比30.39%，公共事业和建筑业企业占比8.5%，服务业企业占比59.67%。细分行业中，信息传输、软件和信息技术服务业，零售、批发业，电子信息，建筑业的企业最多，共计占比43.47%。

表1 样本的行业分布

单位：家

行业	小计	行业	小计
农、林、牧、渔业	18	建筑业	104
汽车及零部件	66	零售、批发业	131
钢铁	5	交通运输、仓储和邮政业	16
石油化工	5	住宿和餐饮	14
轻工	12	信息传输、软件和信息技术服务业	190
电子信息	117	金融业	11
装备制造	68	房地产	27
能源及环保	37	科学研究和技术服务业	37
生物医药	46	教育	26
食品及烟草	12	文化、体育和娱乐业	56
纺织服装	11	其他	236
公用事业（水电气）	2		

企业的规模用营业收入和从业人数两个指标来衡量。企业营收情况方面，2020年营收在300万元以内的企业占比为63.99%。从业人

员数的分布情况如表 2 所示，20 人以内的小微型企业有 797 家，占比为 63. 91% 。

表 2　样本的从业人数分布

单位：家

从业人数	小计	从业人数	小计
20 人以内	797	100 ~ 300 人	74
20 ~ 50 人	232	300 ~ 1000 人	19
50 ~ 100 人	114	1000 人以上	11

此次问卷调查中的企业分布与全国整体情况有所差异，主要表现在制造业和建筑业比重偏高（全国制造业企业和建筑类企业占法人单位总数的比重约为 6. 2% ），且企业整体规模偏大。而在后文分析中将看到制造业企业比服务业企业运行情况更好、规模越大的企业比规模小的企业运行情况更好，因此，全样本的分析结果将会高估中小企业、民营经济整体的运行情况。报告中也将分制造业和服务业、不同规模对中小企业运行情况进行分析。

二　企业运行情况

（一）七成左右企业对宏观经济运行感知良好

31. 52% 的企业认为宏观经济增长势头好于预期，38. 81% 的企业认为宏观经济增长势头与预期持平，且这一比例在服务业和制造业（含建筑业，下同）中差异不大。但是对于自身所处的行业运行情况，制造业和服务业企业的判断呈现出一定的差异。64. 42% 的制造业企业认为行业增长势头好于预期或与预期持平，而服务业企业的该比重稍高，为 67. 2% 。

（二）约2/3的企业2021年上半年营收不及2019年

相比于2019年上半年，32%的企业营收有所增长，34%的企业基本持平。有部分企业增长迅速，13%的企业在2021年上半年营收相比于2019年增长了30%以上。但也有34%的企业营收下降，其中营收下降超过30%的企业占14%。

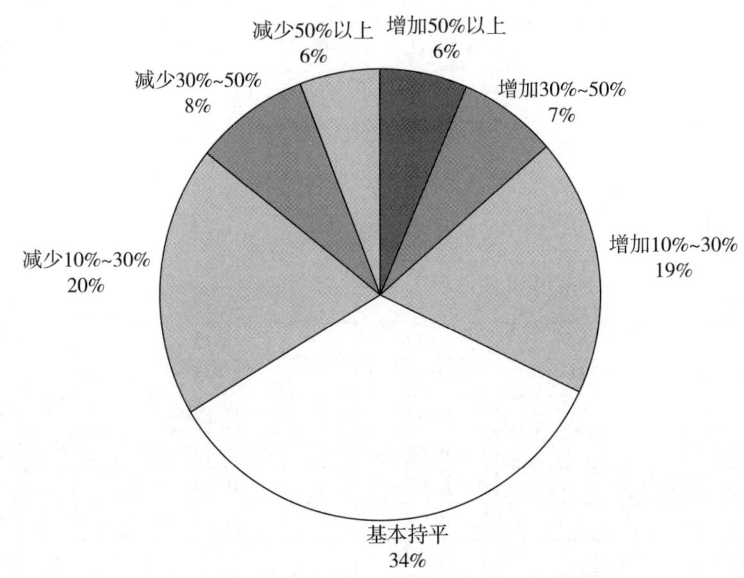

图1　企业2021年上半年营收与2019年相比

（三）不同行业中企业运行情况存在较大差异

表3是不同行业2021年上半年营业收入变化情况（与2019年上半年相比）。纺织服装业、金融业、装备制造、食品及烟草、石油化工和钢铁等行业中有超过四成企业营收增长10%以上；生物医药业，信息传输、软件和信息技术服务业，科学研究和技术服务业，电子信息，房地产，轻工，汽车及零部件等行业中有超过三成企业营收增长

10%以上。可以看到，高端服务业、高端制造业、资源性行业恢复较好，这主要得益于上半年我国疫情得到了有效控制，企业生产进入正轨，同时国外经济复苏促使市场需求增加。我国纺织服装业企业营收的增加很可能是由于东南亚地区服装业生产受疫情影响还未恢复，部分订单回流到国内。

表3　与2019年上半年相比，2021年上半年不同企业营收的变化情况

行业	增长	基本持平(±10%以内)	减少
农、林、牧、渔业	0.28	0.44	0.22
汽车及零部件	0.32	0.36	0.32
钢铁	0.40	0.00	0.40
石油化工	0.40	0.60	0.00
轻工	0.33	0.33	0.25
电子信息	0.36	0.36	0.28
装备制造	0.44	0.32	0.24
能源及环保	0.22	0.43	0.35
生物医药	0.39	0.26	0.35
食品及烟草	0.42	0.17	0.33
纺织服装	0.64	0.09	0.27
公用事业(水电气)	0.00	0.50	0.50
建筑业	0.28	0.28	0.44
零售、批发业	0.27	0.31	0.42
交通运输、仓储和邮政业	0.25	0.25	0.50
住宿和餐饮	0.14	0.07	0.79
信息传输、软件和信息技术服务业	0.38	0.33	0.29
金融业	0.45	0.36	0.18
房地产	0.33	0.30	0.37
科学研究和技术服务业	0.38	0.32	0.27
教育	0.23	0.46	0.31
文化、体育和娱乐业	0.23	0.39	0.38
其他	0.28	0.41	0.31

但值得注意的是，也有部分行业在2021年上半年表现不佳。住宿和餐饮等行业中有79%的企业营收不及2019年上半年。交通运输、仓储和邮政业，建筑业，零售、批发业，钢铁等行业中有超过四成企业的营收减少。这些行业在2020年是受疫情影响最大的行业，在疫情下，消费者的消费心理和消费习惯均发生了较大改变，严重影响了这些行业的恢复。

（四）规模越大的企业运行情况越好

相较于2019年上半年，从业人员少于20人的小微企业中，28.61%的企业营收增长10%以上；20～100人的中小型企业中，该比例为36.42%；而在100人以上的中大型企业中，该比例达到44.23%，远高于小微企业。小微企业中营收下降超过30%的达到了15.81%，中小型企业该比例为11.85%，而中大型企业该比例不到10%。

表4　不同规模企业的营收变化情况

单位：%

规模	增加30%以上	增加10%～30%	基本持平	减少10%～30%	减少30%以上
20人以下企业	10.67	17.94	33.50	22.08	15.81
20～100人企业	18.79	17.63	36.42	15.32	11.85
100人以上企业	19.23	25.00	32.69	13.46	9.61

（五）制造业企业比服务业企业运行情况更好

2021年上半年制造业企业中，34.39%的企业营业收入比2019年上半年有所增长，而在服务业企业中该比例为30.52%。在制造业和服务业内部，大企业的运行情况均明显好于小企业。相较于2019年上半年，20人以上的制造业企业中，营收增长的占40.09%，而在少于20人的制造业企业中，该比例只有不到三成。在服务业中，20人以上企业中，营收增加的有36.40%；20人以下的企业中，该比例只有27.91%。

表5　相对于2019年上半年，2021年上半年企业营业收入增长的比例

单位：%

项目	企业类型	制造业	服务业
增加	总体	34.39	30.52
	20人以下企业	29.89	27.91
	20人以上企业	40.09	36.40
持平	总体	32.80	35.22
	20人以下企业	33.10	33.72
	20人以上企业	32.43	38.60
下滑	总体	32.81	34.26
	20人以下企业	37.01	38.37
	20人以上企业	27.48	25.00

（六）企业2021年上半年利润增长情况普遍不如营收增长情况

相较于2019年上半年，2021年上半年利润增长的企业占26.94%，低于营收增长的企业比例5.14个百分点。这一现象在制造业企业中更加明显。制造业企业中，2021年上半年利润增长的仅占28%，低于营收增长的企业比例6.39个百分点；20人以上的制造业企业中，两者差距扩大到12.09个百分点。服务业企业中，2021年上半年利润增长的仅占26.21%，低于营收增长的企业比例4.31个百分点，不同规模的服务业企业的这一比例差异不大。这说明，由于成本上涨较快，企业营收增加的同时并未获得更高的利润，特别是较大规模的制造业企业的成本支出上涨幅度更大。

（七）近八成企业对2021年第三季度和全年营收比较乐观

83.96%的企业预期2021年第三季度的营收相比上半年会增长和持平，77.3%的企业认为2021年全年营收较2019年将有所增长和持平，这两项数值均大幅高于2021年上半年实际报告营收增长和持平的企业占比（66.32%）。其中，预期营收将会增长的企业比例为43.62%（第三季度）和44.5%（全年），这两个数值均大于上半年企业实际报告营收增长的比例（32.08%）。这说明企业对下半年预期明显好于上半年。

规模更大的企业预期明显好于规模较小的企业。20人以下的企业中，预期2021年第三季度和全年营收增长的比重分别是40.77%和42.15%，20~100人的企业中两者分别是49.42%和46.82%，100人以上的企业中两者则分别达到46.15%和54.81%。总体而言，制造业和服务业企业差异不大，但在行业内部呈现规模越大的企业预期越好的情况。

表6　企业对2021年第三季度营收预期（相比2021年上半年）

单位：%

项目	下滑	基本持平	增长
全样本	16.04	40.34	43.62
20人以下企业	16.82	42.41	40.77
20~100人企业	15.90	34.68	49.42
100人以上企业	10.58	43.27	46.15

表7　企业对2021年全年营收预期（相比2019年）

单位：%

项目	下滑	基本持平	增长
全样本	22.70	32.80	44.50
20人以下企业	24.47	33.38	42.15
20~100人企业	21.39	31.79	46.82
100人以上企业	13.46	31.73	54.81

值得注意的是，相对于2021年全年营收，企业普遍对2021年第三季度营收的情况更加乐观，这很有可能是因为企业担心秋冬季节疫情反复对生产经营可能造成负面影响。

三　企业运行中面临的主要困难

（一）企业面临的主要困难

2021年上半年企业运行中面临的主要困难是：招工难、招工贵（48.84%），原材料价格上涨幅度较大（47.15%），资金链紧张（32.96%），应收账款拖欠严重（26.14%），税费社保负担重（23.82%），内需不足（20.93%）等。

表8　2021年上半年企业运行面临的主要困难

单位：%

选项	小计
招工难、招工贵	48.84
原材料价格上涨幅度较大	47.15
资金链紧张	32.96
应收账款拖欠严重	26.14
税费社保负担重	23.82
内需不足	20.93
相比2020年，各类政策优惠大幅减少	19.81
国外疫情带来的不确定性大	19.33
高端人才、技术人员引进难	18.36
融资难、融资贵	17.56
产品缺乏核心竞争力，竞争压力大	17.48
产业链、供应链受国外疫情影响发生断裂	5.37
其他	5.21
出口受阻	4.97

由于生产经营方式不同，制造业和服务业企业面临的困难有一定的异质性（见图2和图3）。对于制造业和服务业企业而言，招工难、招工贵，原材料价格上涨幅度较大，资金链紧张，应收账款拖欠严重，税费社保负担重均是排名前五的主要困难，但排序和企业选择的比重有一定差异。

第一，对于制造业企业而言，最严重的问题是原材料价格上涨幅度较大，选择该选项的企业占比高达64%，而在服务业企业中该比例下降为35%。

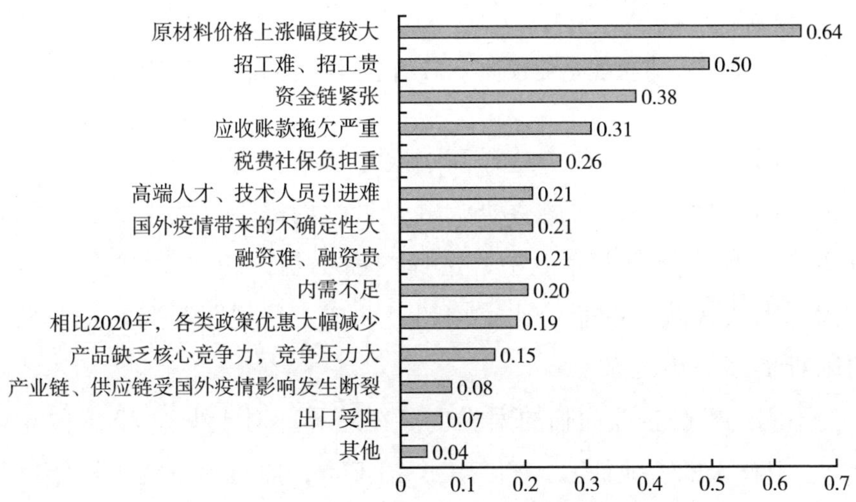

图2　制造业企业预计2021年上半年面临的主要困难

第二，几乎一半的制造业和服务业企业都反映了招工难和招工贵问题。这些员工特指一线员工，不包括企业技术人员和管理人员。

第三，资金链紧张和应收账款拖欠严重问题在制造业企业中也更加突出。有近四成制造业企业认为资金链紧张，超三成企业认为应收账款拖欠严重；而服务业企业中，这两个问题占比分别下降至30%和23%。

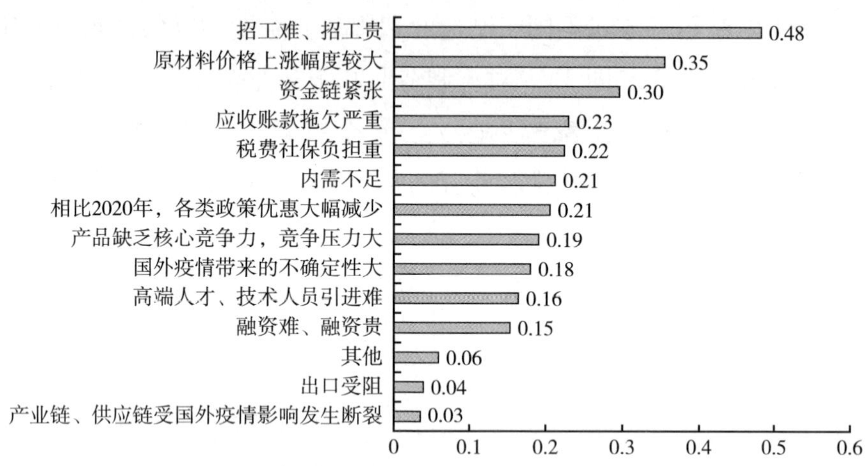

图 3　服务业企业预计 2021 年上半年面临的主要困难

第四，制造业企业中选择高端人才、技术人员引进难，国外疫情带来的不确定性大，融资难、融资贵，内需不足的企业比重均超过 20%。但在服务业企业中，选择内需不足；相比 2020 年，各种政策优惠大幅减少的企业比重均超过两成。这说明制造业企业面临的困难更多、更复杂。

不同规模的企业面临的困难也存在差异。对于少于 20 人的企业和20～100 人的企业而言，招工难、招工贵，原材料价格上涨幅度较大，资金链紧张，应收账款拖欠严重，税费社保负担重都是排名前五的主要困难。而对于 100 人以上的企业，排名第一的困难是原材料价格上涨幅度较大，排第二的是招工难、招工贵，排第三的是高端人才、技术人员引进难，排第四和第五的分别是内需不足和融资难、融资贵。这主要是由于不同规模企业处在不同的发展阶段，对于中大型企业而言，如何提高核心竞争力、拓展市场、扩大企业规模是企业面临的最重要问题，而对于中小企业而言，如何保证生存这一问题迫在眉睫。

（二）原材料价格大幅上涨

2021 年上半年，国际大宗商品价格持续走高，大幅挤压了中小企业的生产利润。芯片类产品甚至出现比较严重的短缺现象，导致很多企业出现有单不接的情况。调查问卷中，14.67% 的企业反映原材料价格上涨 30% 以上，42.26% 的企业指出原材料价格上涨 10% ~ 30%，34.4% 的企业认为原材料价格基本持平。

但制造业企业中，原材料价格上涨的情况更加普遍。65.41% 的企业认为原材料价格上涨幅度超过 10%，远高于服务业的 51.22%。而且规模越大的制造业企业该比重越高。20 人以上的制造业企业中，70.26% 的认为价格上涨超过 10%，20 人以下的制造业企业中，该比重为 61.57%；在服务业企业中也是类似的，20 人以上的企业中，该比重为 57.47%，20 人以下的企业中，该比重为 48.44%。

表 9　2021 年上半年原材料价格与 2019 年上半年同期相比

单位：%

项目	基本持平	10% ~30%	30% 以上
全样本	34.40	42.26	14.67
制造业	25.65	44.54	20.87
其中:20 人以下	27.05	44.13	17.44
20 人以上	23.87	45.04	25.22
服务业	40.32	40.73	10.49
其中:20 人以下	41.09	41.27	7.17
20 人以上	38.60	39.48	17.99

（三）劳动力雇用成本也有一定程度的增加

总样本中，有 45.94% 的企业认为 2021 年上半年劳动力成本比 2019 年上涨 10% 以上，其中认为劳动力成本上涨 20% 以上的企业占比例为13.31%。制造业企业的劳动力成本上升程度高于服务业，52.68%的企业认为劳动力成本上涨超过10%，而在服务业企业该比重为41.39%。

规模更大的企业劳动力成本上涨幅度更大。在制造业企业中，20人以上的企业中，64.42%的认为劳动力成本增幅超过一成，其中，认为增幅超过2成的达到了20.72%，而在20人以下的企业中，两者分别下降为43.41%和10.32%。在服务业企业中，20人以下的企业中，劳动力成本增长高于10%的占53.95%，20人以上的企业中，该比重为35.85%，其中认为劳动力成本增长超过20%的企业占18.86%。

表10　2021年上半年企业劳动力雇用成本与2019年上半年同期相比

单位：%

项目	基本持平	<10%	增长10%以上	其中:20%以上
全样本	31.36	32.15	45.94	13.31
制造业	27.04	35.78	52.68	14.91
其中:20人以下	33.45	34.52	43.41	10.32
20人以上	18.92	37.39	64.42	20.72
服务业	34.27	29.70	41.39	12.23
其中:20人以下	37.98	27.90	53.95	9.30
20人以上	25.88	33.77	35.85	18.86

（四）招工难、招工贵问题在近半数企业中存在

规模越大的企业招工难、招工贵问题越突出。在制造业企业中，55.86%的20人以上的企业认为招工难、招工贵，在20人以下的企业中该比例为44.84%。服务业企业中，20人以上的企业中反映招工难、招工贵的占比52.19%，20人以下的企业中该比例为46.51%。

（五）企业资金链紧张，融资难、融资贵问题依旧难以解决

虽然在总样本中，选择资金链紧张的企业占到三分之一，且制造业中资金链紧张的企业占比较高，为38%，服务业企业为30%。制造业和服务业内部不同规模的企业，资金链紧张的企业占比差异不大。

值得注意的是，融资难、融资贵已经不是企业2021年上半年运行中面临的排前五的困难了，在服务业企业中选择该选项的比重甚至仅为15%，但是这并不意味着该问题在很大程度上得到了缓解。造成这一现象的原因很可能是，很多小规模的制造业企业、服务类企业没有抵押物，也缺乏规范的企业管理，无法向银行提供有效的抵押品和清晰可信的账目，其降低了获得银行信贷的心理预期。支撑这一推测的原因有两个。

第一，在全样本中，现金流不足以维持3个月的企业占比达到70.81%，在制造业样本中该比例为69.78%，在服务业样本中该比例为71.5%，这说明企业的资金链仍然十分紧张。

第二，在企业最需要的服务中，33.68%的企业选择了融资服务，制造业企业中该比例为41.75%，服务业企业中该比例为28.23%。41.38%的企业希望未来政府能加大信贷支持力度（排在惠企政策前三)，制造业企业中该比例为48.91%，服务业企业中该比例为36.29%。

因此，无论是从企业的现金流来看，还是企业对政府服务、惠企政策的需求来看，融资问题仍然是企业面临的主要问题之一。

从企业的融资来源看，主要来源依次是股东自筹、银行贷款和企业利润留存。银行贷款方面，37.21%的企业获得了银行贷款，制造业企业中该比例为42.54%，服务业企业中该比例为33.6%。18.04%的企业反映获得了政府的贴息，制造业企业中该比例为

22.66%，服务业企业中该比例为14.92%。

规模越小的企业越难获得企业贷款和纾困资金。在20人以下的企业中，只有28.86%的企业获得了贷款，12.3%的企业获得了政府贴息；但是在20～100人的企业中，该比例分别为50%和27.46%，几乎是小微型企业的两倍；而在人数超过100人的企业中，该比例分别为58.65%和30.77%。

不仅融资依旧困难，由于2021年的货币政策比上年偏紧、政府贴息项目减少，企业融资成本也有一定幅度的上升。在获得了银行贷款的所有企业中，25.99%的企业认为融资成本增长5%以上，制造业企业中该比例为30.62%，服务业企业中该比例稍低，为24.6%。小企业比大企业的融资成本稍高，33.38%的小微企业（人数不足20）认为融资成本增加了5%以上，20～100人的企业中该比例为34.11%，但是10人以下的企业中该比例下降到30.77%。

（六）应收账款拖欠问题比较普遍

应收账款拖欠问题是企业反映比较突出的问题之一。在所有样本中，没有应收账款的企业仅占12.91%，而应收账款占销售收入比重超过20%的企业占42.74%。在制造业中有超过一半（51.49%）的企业应收账款占比超过20%，服务业中该比例为36.83%。

应收账款问题在规模越大的企业中越严重。20人以下的企业中15.93%的企业没有应收账款，37.01%的企业应收账款比重超过20%；20～100人企业中，这两个指标分别为8.38%和50.28%；在超过100人的企业中，只有4.81%的企业没有应收账款，超过6成企业的应收账款占比超过20%，应收账款占比在40%以上的企业比重高达18.27%。

表 11　企业应收账款占比

单位：%

项目	无	20%以下	20%～40%	40%以上
全样本	12.91	44.34	30.63	12.11
制造业	12.13	36.38	38.17	13.32
服务业	13.44	49.73	25.54	11.29
20人以下企业	15.93	47.05	27.73	9.28
20～100人企业	8.38	41.33	33.52	16.76
100人以上企业	4.81	33.65	43.27	18.27

四　企业对政府服务和惠企政策的期待

（一）企业对政府服务的期待

图4和图5是制造业企业和服务业企业对政府服务的期待，可以发现两类企业的一些异同点。

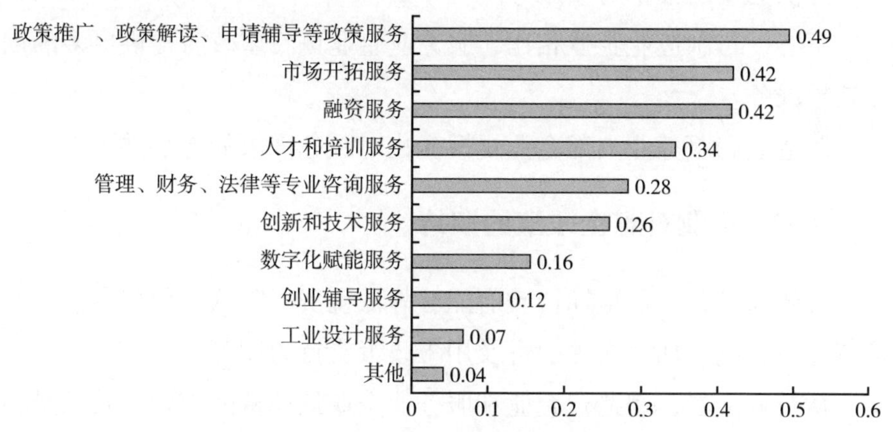

图 4　制造业企业对政府服务的期待

第一，无论是制造业还是服务业企业，都有近五成的企业希望政府能提供政策推广、政策解读、申请辅导等政策服务，近四成企业希

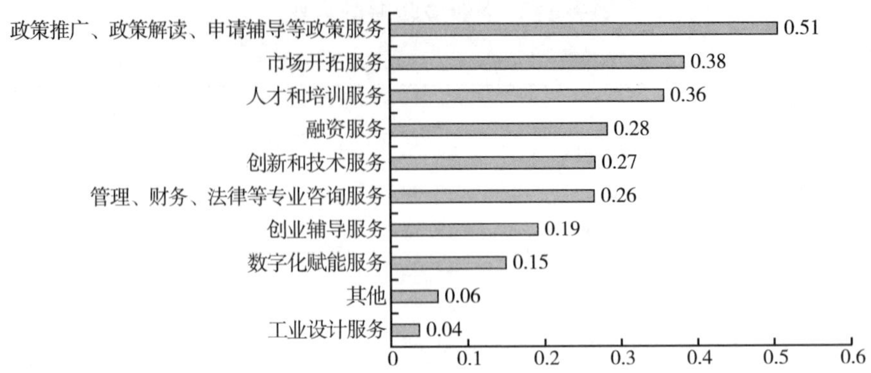

图5 服务业企业对政府服务的期待

望政府能够帮助其拓展市场，超三成的企业希望政府提供更多的人才和培训服务，接近三成的企业希望政府提供管理、财务、法律等专业咨询服务。

第二，相比服务业企业，制造业企业更希望政府帮助解决融资问题，提供更多的银企对接服务。

第三，与制造业企业相比，服务业企业更希望政府提供更多的创业辅导服务。

制造业和服务业内部企业规模变化对服务需求的影响并不大。

（二）企业对惠企政策的期待

总体而言，企业最期待政府能够降低税费、降低社保费率、加大信贷支持力度、加大人才引进及用工政策支持力度等。

从行业上看，制造业企业和服务业企业最期待的前四项政策是相同的。但制造业企业更期待政府加强常态化市场对接服务、加大应收账款的清欠力度等。制造业企业选择加大信贷支持力度；加大应收账款清欠力度；降低税费；帮助企业“走出去”，开拓国际市场的比例分别比服务业企业高12.62个、10.14个、6.36个和4.25个百分点。

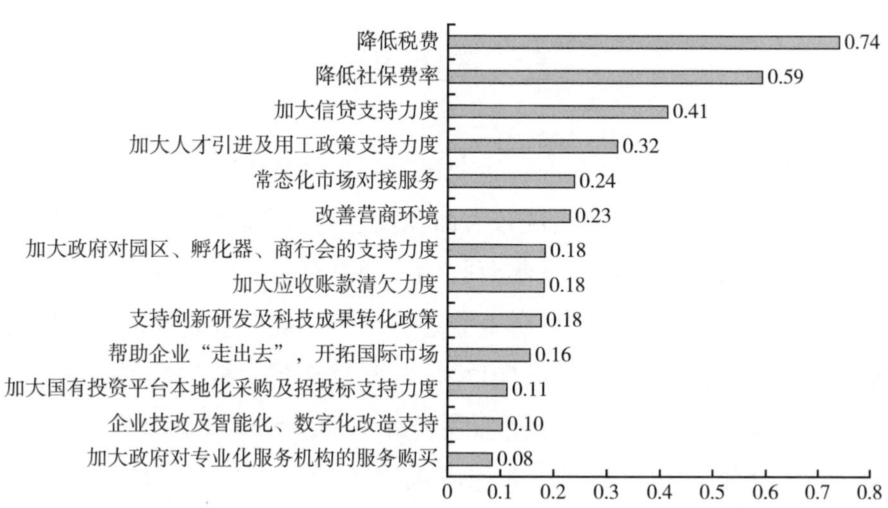

图 6　企业对惠企政策的期待

服务业企业选择加大人才引进及用工政策支持力度和加大政府对园区、孵化器、商行会的支持力度的比重分别比制造业企业高 3.98 个和 4.45 个百分点。只有 14.11% 的服务业企业选择了加大应收账款清欠力度。

不同规模的企业对惠企政策的诉求也有差异。首先，企业最偏好的政策都是降低税费、降低社保费率和加大信贷支持力度。其次，规模越小的企业越希望改善营商环境。在不足 20 人的企业中，24.09% 的认为改善营商环境排在惠企政策需求的前五名，但在 20 人以上的企业中，改善营商环境则在第 8 或第 9 的位置。再次，规模越小的企业越期待政府在用工和市场对接上给予帮扶，不到 20 人的小微企业和20 ~ 100 人的企业均认为这两项政策排名前 6，但是对于 100 人以上的企业则并非如此。最后，规模越大的企业越希望政府能够支持企业创新研发及科技成果转化，技改及智能化、数字化改造。即使考虑到行业的差异，按企业规模区分后得到的结论都是类似的。

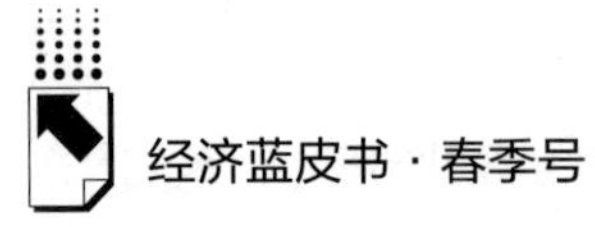

五　政策建议

调研结果显示，绝大部分企业恢复到疫情发生前的经营水平，但考虑到7～8月全国疫情出现较大面积反复，对需求侧产生较大冲击，企业尤其是服务业企业对全年营收的预期有可能下调。整体而言，虽然制造业企业恢复情况比服务业企业好，但是制造业企业面临的困难比服务业企业更多、更复杂，其中应收账款拖欠、招工难等问题尤为突出。此外，大规模的企业面临的困难主要是发展问题，即投融资、创新、人才等问题，而小企业面临的困难主要是生存问题，即成本高、市场小等问题。为扎实做好“六稳”“六保”工作，进一步助力新格局下中小企业实现稳健发展，相关政策建议如下。

第一，对于受疫情反弹影响较大的行业，加大纾困惠企政策力度。针对住宿和餐饮、旅游、零售批发业等行业研究更具针对性的减成本政策，并强化各项惠企政策的落实，助力企业纾困发展。

第二，稳定原材料价格。加大力度鼓励原材料生产厂商增加供给，严厉打击囤货、炒货行为。鼓励各地行业协会、商会、园区等组织中小企业批量采购原材料、帮助中小微企业协调货源，降低企业成本，遏制原材料价格过快上涨。

第三，多渠道解决企业用工难、用工贵问题。加快乡镇地区疫苗接种速度，加大科学防疫知识宣传力度，鼓励农村剩余劳动力进城务工，加大劳动力市场供给。由各地人社部门牵头，在中小企业中筹集优质岗位，定期举办中小企业招聘专场。加大人社部门、教育部门的合作力度，积极利用政府资源对接各地大专院校、高职高专，打包企业招聘需求，带领中小微企业举办校招活动。鼓励各地建设外来务工公租房、外来务工廉租房、务工集体宿舍等，支持集体以及社会力量参与多种形式的外来务工人员集中居住点建设，降低企业劳动力雇用成本，解决外来务工人员高房租、高生活成本问题。

第四，开展主动清查工作，加大力度清欠应收账款。成立工作专班，主动清查2016～2021年政府和国企签订的所有工程合同和支付凭证。对于逾期尚未支付的案例进行公示，开展专项巡查工作，对直接负责的主管人员和其他直接责任人员依法给予处分。

第五，为中小微企业提供更加优质的金融服务。加大对政策性融资担保机构和国资担保机构的资金支持力度，引导融资担保机构的业务向中小民营企业倾斜。鼓励银行开展中小民营企业“首贷行动”，破解中小民营企业贷款“开头难”问题。引导金融机构简化中小民营企业的贷款流程，加快放贷速度。鼓励金融机构运用金融科技手段支持企业融资，在更大范围内实现中小民营企业贷款申请、审批授信、银税数据传输的一站式自助服务。鼓励园区、孵化器建立金融超市，集成信贷产品、优惠政策和信贷服务，提高企业获取金融信息的能力，拓展企业获得信贷资源的途径。以财政资金作为引导，吸引民间资金进入，鼓励园区、孵化器、行业协会、商会成立小规模中小企业发展基金，为高成长性、低风险但缺少资金的中小民营企业提供过桥应急资金、小额贷款或融资担保，帮助企业渡过难关。

第六，加大力度开展常态化市场对接服务，帮助中小民营企业开拓国际市场。鼓励相关部门、行业协会、商会与国外的经济组织、行业组织建立交流协作机制，为企业“走出去”牵线搭桥。设立专项资金，支持产品有竞争力的中小民营企业参加亚欧博览会、东盟博览会、东北亚博览会等知名展会，积极组织各种境内外展会，帮助中小企业与境外企业相互了解、互通商贸、互相投资。鼓励相关部门设置专门负责东南亚、“一带一路”沿线国家的中小企业跨境服务中心，为中小民营企业提供外贸咨询、外贸信息、外贸辅导、国别风险咨询和风险监测预警等服务，帮助企业“走出去”。

第七，为中小企业营造良好的创新环境。鼓励各地制定中小企业核心创新计划、创新代金券等一系列支持中小企业创新的政策，重点打造中小企业创新产业集群。采取政府引导、市场化运作、开放服务方式，支持建立一批中小企业公共技术服务平台。出台各类政策鼓励股权投资、创新金融的发展，利用资本市场的力量为中小企业创新提供资金支持。

第八，加大对社会化服务机构的支持力度，积极为中小微企业提供服务。加大对行业协会、商会、园区、孵化器的投入和扶持力度，将社会化服务机构作为政府对接中小企业民营经济的抓手，为中小企业民营经济发展提供服务。鼓励企业进园区、加入行业协会和商会，通过政府购买服务的方式，试点行业协会、商会、园区、孵化器协助政府为民营企业提供政策宣传、政策辅导、优惠政策申请辅导、职业培训、创业辅导、管理咨询、市场对接、技术创新供需对接等服务。鼓励行业协会、孵化器类平台建立动态企业数据库，定期从多个渠道搜集整合企业信息，为企业建立详尽的档案，为中小微企业提供智能化、精准化的服务。

国际背景篇

International Background Reports

B.8 2021年风险管理：博弈寡头时代与中美经济背离期

于 颖*

摘 要： 2010年以后中国经济增速持续下行，这一趋势是制造业4.0的必然结果，也是经济效率提升的要求。2021年经济周期趋势中国与美国或将呈现背离，双方的政策将对全球经济走势产生重要影响。当前全球经济发展处于特定风险阶段，叠加美国施压，中国应注重经济风险管理。中央提出跨周期调节，我们认为2021年应多方面与美国进行政策博弈，实行积极财政与宽松货币，适当反向调控，加强预期管理，管理信用和价格风险。宏观调控政策的实施可以部分改善基本面的表现。

* 于颖，中国PMI分析小组，中采咨询公司。

关键词： 风险管理 寡头博弈 预期管理 反向调控

一 “寡头时代”特征及其信用风险

目前中国 GDP 增速长期呈现下行趋势，原有的人口红利、外贸红利带来的潜在增速边际减弱。分析数据可以发现，效率提升是潜在增量的补充，可提供新的经济增长动能。① 其中制造业在从 2.0 进入 3.0 未来向 4.0、5.0 发展的过程中，生产效率必须提升，而科技投入效率、管理效率是关键。

而行业集中度的提高，可加强科技投入的协同，降低供应链管理成本，带来行业效率的整体提高，因而制造业行业龙头化甚至寡头化是必然趋势。历史上，多数行业经历了出清升级、龙头化的进程，但中国制造业还未进入发展的高级阶段，高质量发展要求产业呈现更高程度的龙头化，即寡头化。我们用 PMI 数据分析了我国历史上的出清进程，以及效率提升的进展，并与美国进行了对比。从 PMI 数据看，我国主要行业的集中度相对于欧美而言还有很大距离，还将发生进一步出清。

行业、区域内企业寡头化，是经济结构发展的必然结果，可以提升供给效率，但短期内这种企业重组出清也会带来信用风险。

（一）行业出清、寡头化的数据验证

提升效率和竞争力的目标决定了行业企业趋于寡头化。首先提质增效要求传统企业做大做强，其次国际竞争要求中国企业进一步做大

① 中采咨询：《2020 新元年、以效率稳增长》，《宏观报告》2019 年第 11 期（部分内容收入《2020 年中国经济形势分析与预测》）。

做强，这都是“寡头化”的基因。

形成现代化供应链是降低成本、改善利润状况的重要路径，但是传统制造业中多点式、分散式的生产进程会妨碍供应链的升级。大企业拥有充足的资金和实力进行科研投入、设备和技术升级，在低效产能出清、行业集中度提升后，优质企业将加大科研投入，以降低管理成本、提高供应链效率，最终实现提质增效，具体表现为行业产能持续向头部企业集中，在寡头化形成之前，每个行业都会一再重组出清，最终实现“细分垄断”。

1. 用 PMI 旺季波动观察出清历史

10 年来，PMI 数据反映了中国制造业不断出清的过程。

历史上，各行业旺季所属月份、时长有所差异，但旺季出现次数基本稳定，每年均会出现两个旺季。出清时行业内产能向头部企业集中，而更多的企业则是生产减少、规模收缩，这些企业的 PMI 必然是收缩。企业间的合并持续时间至少一年，所以出清一旦发生就会历经一到两个旺季。从旺季数据波动率观察——如果出清情形出现，PMI 表现就是波动减弱，相对偏离程度下降。

基于以上原理，我们通过对传统制造业中的 PMI、新订单、生产量三个指标进行 3 年区间内的偏离程度处理后生成色阶图（见图 1）。

偏离程度(3 年区间) = (当月值 - 前 3 年当月均值)/ 当期标准差

计算结果剔除了经济周期对旺季表现的干扰。①

10 年来，PMI 制造业行业数据显示，企业数量减少，出清进程不断发生。如图 1 所示，白色框选部分表示，在最少 1 年半的时

① 周期下行时 PMI 读数也会降低，为了甄别旺季数据波动是由于出清过程还是由于经济周期变动，我们选择计算相对偏离程度来排除经济周期的影响，以便观察出清进程。

间中该行业没有旺季表现。从时间段看，第一次集中出清时间为2011～2015年，以劳动密集型和重化产业出清为主，分别以纺织业和黑色金属为代表。第二次集中出清时间为2018～2020年，中美贸易摩擦以及新冠肺炎疫情的冲击，导致制造业大部分行业集中出清。有个别行业在近10年中没有长时间的行业出清过程，以汽车制造业、计算机通信电子设备及仪器仪表制造业等以技术为核心优势的行业为代表。

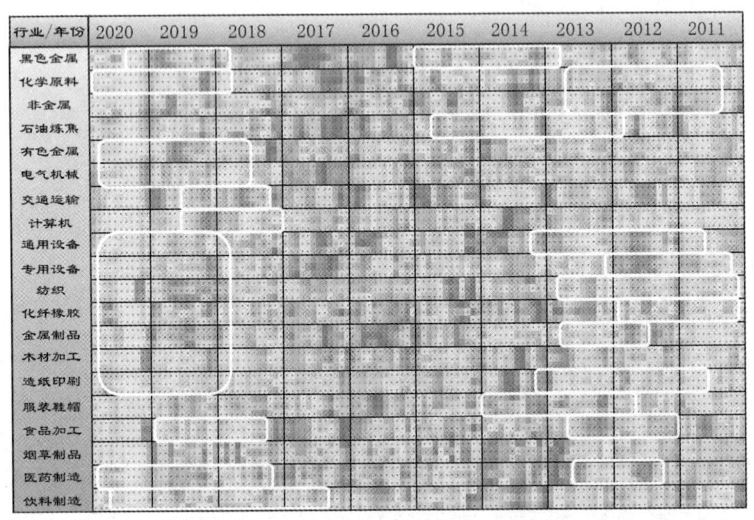

图1　制造业10年来各行业主要指标的相对偏离程度

2. 细分领域的集中度进展

行业出清的结果是产能向头部企业集中，供应链节点更少、效率更高，包括：人力管理成本更低，物流配送减少空转，成品库存的安全边际降低，订单与生产的衔接更为顺畅，科研投入更集中且有效，等等。因此，效率指标的高低也是行业集中度高低的标志。

我们曾提出中国经济中可提升质量和利润的几个方面，即人力效率、物流效率、库存效率、产需比例效率、科技效率等，这些都是能

通过供应链节点减少来提高 PMI 拟合指标。效率越高，未来变化边际越小，目前的状态越稳定，未来需要的出清越少；效率越低，越有提升空间，未来出清进程也会越长。通过 PMI 质量指标可以观察行业“龙头化”进展。

前三个效率指标的定义如下。

人力效率 = 产量 - 雇员，是单位人员的供给量，即劳动生产率指标。

物流效率 = 供应商配送 - 产量，表示单位产量所对应的配送速度。相对于同样的生产量而言，配送指标越高，代表单位产量所耗费的物流成本越低、效率越高。

库存效率 = 新订单 - 产成品库存，表示企业安全库存水平，反映供应调节能力。

这三个指标都是一个正向指标和一个反向指标相减，数值越大表明效率越高。

根据上述前三个指标的含义，将各行业指标的 36 个月均值加总，以观察各行业效率的变化，或者说行业集中度的长期趋势。如图 2 所示，数据标识了色阶。为了增强行业间的可比性，我们对数据做了标准化处理。

从各个行业看，其供应链水平大致可以分为三个层次。第一层次供应链水平相对成熟，行业集中度高，大型企业占据主导地位，以黑色金属、化学原料、专用设备、石油炼焦等行业为代表。第二层次以有色金属、纺织等行业为代表，经历行业出清后产业集中度提高，但提升幅度小于第一层次，与欧美发达国家相比仍有一定距离。第三层次以医药制造、服装鞋帽、非金属等行业为代表，或是劳动密集型产业，或是技术相对落后，是产能相对分散的行业。

另外，两个同向指标也能拟合出反映供应速度的质量指标。产需比例波动是新订单与生产量的差值，表示供给与需求匹配状况，反映供需平衡性，也是效率高低的最终体现。

(人力+物流+库存)效率	2020年	2019年	2018年	2017年	2016年	2015年	2014年	2013年	2012年
黑色金属									
化学原料									
非金属									
石油炼焦									
有色金属									
电气机械									
汽车制造									
通信设备									
通用设备									
专用设备									
纺织业									
化学纤维									
金属制品									
木材加工									
造纸印刷									
服装鞋帽									
食品加工									
烟草制品									
医药制造									
饮料制造									

图 2　制造业 10 年来（人力 + 物流 + 库存）效率指标归一化色阶图

$$\text{产需比例波动} = \sqrt{\frac{1}{12}\sum (Ft_i - \mu)^2 (\text{订单环比值})} - \sqrt{\frac{1}{12}\sum (Ft_i - \mu)^2 (\text{产量环比值})}$$

订单和生产同向变动，二者环比值的差值越小，说明从订单变化到供给（产量）响应的速度越快，企业调整越灵敏。但二者差值会因效率和季节因素的变化而波动，也受经济周期的影响，很难判断其差值的成因。所以要观察二者环比值差值的波动率。若生产反应快，无论什么季节和周期，生产都能跟上订单变动，则一定时间内波动率很小；产需比经常变动，则产需平衡能力差。也就是说观察产量追随订单变动的程度来判断生产响应速度。我们要观察波动率，就是要观察淡旺季、假期是否引起产需平衡的月度差异。

这样计算得出的结果，数值越低，说明效率越高，行业龙头化程度越高。

图 3 为制造业 10 年来 PMI 产需比的波动率色阶图。科技含量高的行业，供需平衡能力更高；企业规模偏大的行业，供需平衡能力更

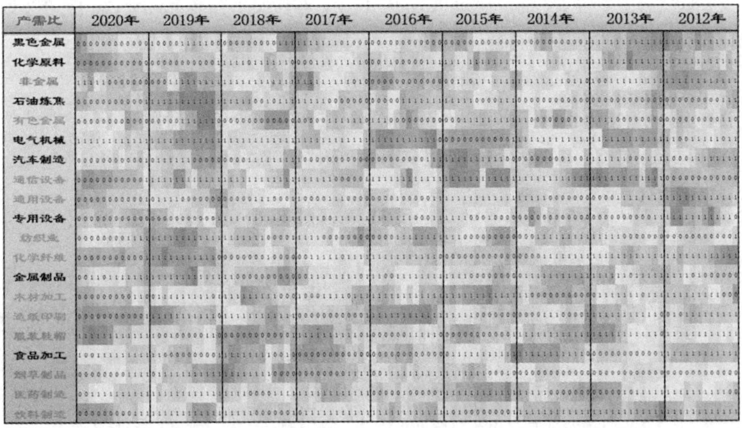

产需比	2020年	2019年	2018年	2017年	2016年	2015年	2014年	2013年	2012年
黑色金属	[illegible]	[illegible]	[illegible]	[illegible]	[illegible]	[illegible]	[illegible]	[illegible]	[illegible]
化学原料	[illegible]	[illegible]	[illegible]	[illegible]	[illegible]	[illegible]	[illegible]	[illegible]	[illegible]
非金属	[illegible]	[illegible]	[illegible]	[illegible]	[illegible]	[illegible]	[illegible]	[illegible]	[illegible]
石油炼焦	[illegible]	[illegible]	[illegible]	[illegible]	[illegible]	[illegible]	[illegible]	[illegible]	[illegible]
有色金属	[illegible]	[illegible]	[illegible]	[illegible]	[illegible]	[illegible]	[illegible]	[illegible]	[illegible]
电气机械	[illegible]	[illegible]	[illegible]	[illegible]	[illegible]	[illegible]	[illegible]	[illegible]	[illegible]
汽车制造	[illegible]	[illegible]	[illegible]	[illegible]	[illegible]	[illegible]	[illegible]	[illegible]	[illegible]
通信设备	[illegible]	[illegible]	[illegible]	[illegible]	[illegible]	[illegible]	[illegible]	[illegible]	[illegible]
通用设备	[illegible]	[illegible]	[illegible]	[illegible]	[illegible]	[illegible]	[illegible]	[illegible]	[illegible]
专用设备	[illegible]	[illegible]	[illegible]	[illegible]	[illegible]	[illegible]	[illegible]	[illegible]	[illegible]
纺织业	[illegible]	[illegible]	[illegible]	[illegible]	[illegible]	[illegible]	[illegible]	[illegible]	[illegible]
化学纤维	[illegible]	[illegible]	[illegible]	[illegible]	[illegible]	[illegible]	[illegible]	[illegible]	[illegible]
金属制品	[illegible]	[illegible]	[illegible]	[illegible]	[illegible]	[illegible]	[illegible]	[illegible]	[illegible]
木材加工	[illegible]	[illegible]	[illegible]	[illegible]	[illegible]	[illegible]	[illegible]	[illegible]	[illegible]
造纸印刷	[illegible]	[illegible]	[illegible]	[illegible]	[illegible]	[illegible]	[illegible]	[illegible]	[illegible]
服装鞋帽	[illegible]	[illegible]	[illegible]	[illegible]	[illegible]	[illegible]	[illegible]	[illegible]	[illegible]
食品加工	[illegible]	[illegible]	[illegible]	[illegible]	[illegible]	[illegible]	[illegible]	[illegible]	[illegible]
烟草制品	[illegible]	[illegible]	[illegible]	[illegible]	[illegible]	[illegible]	[illegible]	[illegible]	[illegible]
医药制造	[illegible]	[illegible]	[illegible]	[illegible]	[illegible]	[illegible]	[illegible]	[illegible]	[illegible]
饮料制造	[illegible]	[illegible]	[illegible]	[illegible]	[illegible]	[illegible]	[illegible]	[illegible]	[illegible]

图 3　制造业 10 年来 PMI 产需比的波动率色阶图

高。供需比情况与图 2 反映的行业效率情况基本是一致的。有些行业比较特殊是由业态决定的，例如，饮料行业虽然效率不高，但产需比稳定即集中度较高，这是因为行业细分领域互不相通，酒、水、茶彼此无法替代，产能彼此间无法延展。通信计算机电子制造业的效率指标在 2012 年达到高点后，多年来维持在较低水平，这与该行业技术进步快、新企业不断进入、自由竞争程度较高有关。

结合图 2 和图 3 可以看出，在处于出清的节点，大部分行业会出现产需失衡现象，而需求不足导致产能过剩也是行业出清的根本原因之一。

（二）中国行业集中度与发达国家的寡头化差距明显

由图 2 和图 3 可见，中国多个行业的集中度还有待进一步提高；从其他公开数据看，我国与美国等发达国家在这方面也存在明显差距。

以钢铁行业为例，当前我国钢铁行业集中度依然处于偏低水平，按 2020 年上半年产量测算，我国钢铁行业 CR10 仅为 36.6%，相较于日本、美国仍有较大差距，宝武收购太钢后可使我国钢铁行业CR10提升至37.6%，离实现“亿吨宝武”战略和“全球钢铁业引领者”的愿景目标更进一步。而与此相对，美国钢铁行业CR4（行业最大的4家钢铁企业钢铁产量占年产量的百分比）大幅提升，2010年已达到74.9%。同年日本CR4也达到了77.6%。

据业内专业人士预判，随着国内钢铁行业联合重组的进一步推进，到“十五五”末，预计全国将形成“1+4+5+N”的总体产业重组格局，即1个中国宝武（规模在2亿吨左右）+4个区域集团（规模在8000万吨左右）+5个大型钢铁企业集团（规模为4000万~8000万吨）+N家“专精特新优”企业，CR10在70%以上。

中美产业集中度的明显差异不止出现在钢铁行业。

在煤炭行业，根据中国煤炭工业协会数据，2019年1~11月，我国原煤产量前十大企业合计市场份额占比45.72%，与2018年全年的42.35%相比提升了3.37个百分点，煤炭行业集中度逐年提高。而美国在进入21世纪后，煤炭行业集中度一直较稳定，CR4为45%、CR8为60%。

在汽车行业，根据中国汽车工业协会的数据，截至2020年中国汽车销量排名前十位的企业集团销量合计2264.4万辆，占汽车销售总量的89.5%，低于上年同期0.4个百分点。而在美国，汽车制造业的大部分市场份额被本土三大汽车巨头以及丰田和本田两个日本汽车品牌所瓜分。Statista①提供的美国2016年汽车市场份额数据显示，85.3%的汽车市场被7家汽车制造商所占据。

我们曾分析物流效率的成因，认为行业集中度与效率相关，美国现状为中国未来行业发展提供了方向，中国行业集中度会向发达国家逐渐看齐。面对强大的跨国集团，中国企业要想增强其国际竞争力，

① Statista为德国企业，是向全球提供各类统计数据的互联网公司。

必然要通过进一步兼并重组提升单个企业规模，走向与国际对标企业一致的寡头化。

而行业出清、企业减少是寡头化进程中的必然结果。

（三）寡头化进程短期或致债务风险

不论是供应链要求、环境保护要求，还是增强国际竞争力的要求，寡头化是必然的结果。寡头化趋势在下行周期时更为明显，因为在经济下行期间，弱势企业面临的风险加大，是强势企业进入的最佳时机。

2018 年伴随中美贸易摩擦加剧，大量民营企业经营困难，并且在既往高杠杆的压力下，违约事件频发。2020 年在疫情冲击下，企业出清现象集中出现；部分制造业领域由于承担“世界工厂”的角色，出口状况得以改善，但越是更多地参与国际制造业竞争，越是需要更雄厚的资本和实力，突破自身产能或并入龙头企业成为许多中型企业必须做出的选择。此外，据有关统计，2021 年企业部门的债务覆盖率大幅降低，有的企业甚至低至 30%，但地方财政存在诸多困难，在“管资本”目标约束下，政府对于弱势国企的支持力度减弱，国企债务违约事件在东北、华北地区屡有发生。

基于长期趋势的重组要求，叠加负债率升高，以及未来经济下行周期，企业部门尤其是国企部门面临的债务违约风险不容小觑。

二　中美经济趋势背离期的风险

中美经济领域的互动和博弈事关中国经济平稳发展。

（一）PMI 指数显示2021年中美经济趋势或背离

经济周期是市场经济的自然现象。每个基钦周期为 3 ~ 4 年，大致为1年半上行、2年下行，PMI数据中订单、价格、库存数据在经济旺衰间呈现上下往复的变化。经济周期的PMI数值可用多个分项指标当月均值差进行预测。

2月PMI为50.6%，3月PMI为51.9%，与我们2020年秋季预测的春季高点相差无几。基于2020年10～11月PMI分项指标，通过周期强度预测2～3月的PMI，显示中国本轮经济周期出现顶点，市场也印证了这一预判——如图4所示，资产价格出现与PMI一致的回落趋势。3月20日的新兴产业EPMI购进价格创历史新高，也验证了经济周期即将回落的趋势。

图4中PMI数据是经变形的周期位置值，以当月均值去除特异因素后减去过去两年当月均值，再还原为标准值。过去几个周期里，PMI显示的经济周期变化与股指显示的资产价格表现出了良好的领先和同步变化趋势。2021年3月PMI走高，再次形成本轮周期的顶点。

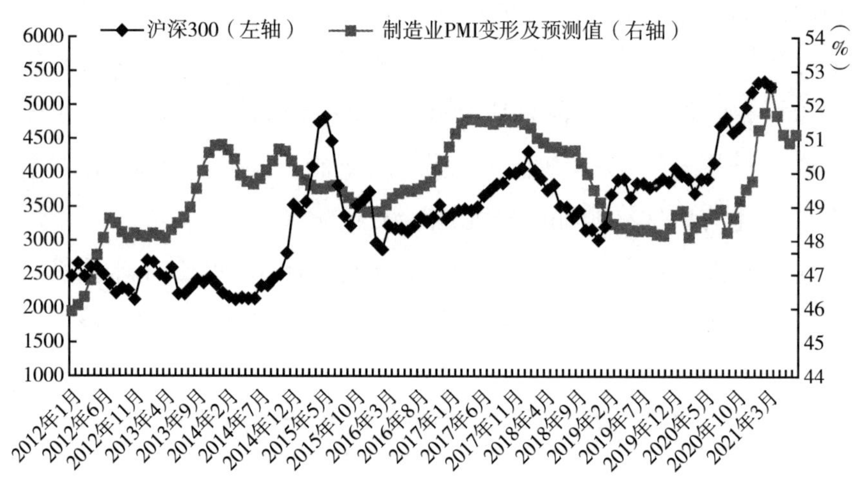

图4　制造业PMI变形及预测值与沪深300走势

由于全球产业链分工不同且中美在全球产业链中的位置不同，中国经济周期拐点数据一般会领先于美国6～13个月。在基钦周期后半程会出现中美经济一下一上的阶段，可称为中美经济背离期。这期间，中国经济达到顶点后边际回落，而美国经济高涨。另外中美在基钦周期前半部也存在背离，但区别在于中国率先复苏而美国经济尚在谷底。后半程中美经济背离的历史表现如图 5 所示。

时间	美国:PMI(6月均)	中国:PMI(6月均)	时间	美国:PMI(6月均)	中国:PMI(6月均)	时间	美国:PMI(6月均)	中国:PMI(6月均)
2009年1月	39.6	44.9	2012年10月	51.6	50.0	2016年6月	50.8	49.8
2009年2月	37.3	45.0	2012年11月	50.9	50.0	2016年7月	51.5	49.9
2009年3月	35.8	45.2	2012年12月	50.8	50.1	2016年8月	51.5	50.1
2009年4月	35.9	46.7	2013年1月	51.1	50.1	2016年9月	51.5	50.2
2009年5月	36.8	49.1	2013年2月	51.5	50.3	2016年10月	51.7	50.3
2009年6月	38.9	51.1	2013年3月	51.3	50.5	2016年11月	52.0	50.6
2009年7月	41.4	52.4	2013年4月	51.1	50.5	2016年12月	52.2	50.8
2009年8月	44.4	53.3	2013年5月	51.2	50.6	2017年1月	52.8	51.1
2009年9月	47.5	53.6	2013年6月	51.6	50.5	2017年2月	54.1	51.3
2009年10月	50.2	53.9	2013年7月	52.0	50.5	2017年3月	55.1	51.5
2009年11月	52.3	54.2	2013年8月	52.5	50.6	2017年4月	55.6	51.5
2009年12月	53.9	54.8	2013年9月	53.3	50.7	2017年5月	55.9	51.4
2010年1月	55.1	55.2	2013年10月	54.4	50.8	2017年6月	56.4	51.5
2010年2月	55.5	54.9	2013年11月	55.6	50.9	2017年7月	56.5	51.5
2010年3月	56.3	55.0	2013年12月	56.2	51.0	2017年8月	56.6	51.5
2010年4月	56.6	55.1	2014年1月	55.6	51.1	2017年9月	57.2	51.6
2010年5月	57.3	54.9	2014年2月	55.1	50.9	2017年10月	57.9	51.7
2010年6月	57.4	54.1	2014年3月	54.7	50.8	2017年11月	58.4	51.8
2010年7月	57.3	53.3	2014年4月	54.4	50.6	2017年12月	58.7	51.8
2010年8月	57.7	53.3	2014年5月	54.2	50.5	2018年1月	59.2	51.7
2010年9月	57.3	53.1	2014年6月	54.0	50.5	2018年2月	59.5	51.5
2010年10月	57.2	52.9	2014年7月	54.9	50.7	2018年3月	59.2	51.4
2010年11月	57.1	53.1	2014年8月	55.9	50.9	2018年4月	59.0	51.3
2010年12月	57.3	53.4	2014年9月	56.4	51.0	2018年5月	59.1	51.3
2011年1月	57.7	53.7	2014年10月	57.1	51.1	2018年6月	59.2	51.3
2011年2月	57.9	53.8	2014年11月	57.6	51.0	2018年7月	59.1	51.3
2011年3月	58.4	53.7	2014年12月	57.6	50.9	2018年8月	59.2	51.5
2011年4月	58.6	53.4	2015年1月	57.0	50.5	2018年9月	59.2	51.4
2011年5月	57.9	52.9	2015年2月	56.0	50.3	2018年10月	59.3	51.2
2011年6月	57.8	52.4	2015年3月	55.1	50.2	2018年11月	59.4	50.8
2011年7月	56.8	52.0	2015年4月	53.9	50.1	2018年12月	58.4	50.5
2011年8月	55.7	51.8	2015年5月	52.9	50.0	2019年1月	58.2	50.2
2011年9月	54.7	51.4	2015年6月	52.6	50.1	2019年2月	57.0	49.9
2011年10月	53.5	51.0	2015年7月	52.5	50.1	2019年3月	56.2	49.8
2011年11月	53.2	50.5	2015年8月	52.2	50.1	2019年4月	55.4	49.8
2011年12月	52.6	50.4	2015年9月	52.0	50.0	2019年5月	54.2	49.7
2012年1月	52.6	50.4	2015年10月	51.7	50.0	2019年6月	53.8	49.7

图 5　中美 PMI 对比

（二）防范中国本币资产被冲击

鉴于美元的全球货币地位，美联储政策一直影响着全球资金的配置。2015 年和 2018 年都出现了与当前类似的中美经济趋势背离的情况，同时中国资产价格高位、美联储加强政策和预期管理，使中国人民币资产受到冲击。

中美相关数据在历史上呈现了相同的三阶段互动，分别映示了中美经济和政策，唯一不同的是，2016 年开始我国加强了人民币汇率管理，夯实了外储基础，因此在2018年的冲击中，政策层面外储与汇率可能不再出现两难境地。

中美经济背离期，两国指标互动的三阶段如表1所示。

第一阶段起始期：美元指数下行，美债收益率下行，中国资产（股指）上行。

第二阶段胶着期：美元指数和美债收益率背离或横盘波动，中国资产（股指）继续上行。2014年底至2015年年中，全球经济呈下行趋势，而美国针对通胀的长期趋势提前采取了反向政策，一直释放将于2015年末加息的信号，于是，虽然国债收益率小幅下行，但加息预期导致美元指数强行上升，资金于2015年下半年开始回流美国。2017年虽然是加息年，但美国政府释放降息预期导致美元指数下行，同时经济强势推动国债收益率缓慢上行。

第三阶段美元回流期：美元指数与美债收益率均上行，新兴国家资产价格明显跌落。

表1整理了中美经济、美国政策与中国资产价格三阶段表现的大致情况。其中，中国资产中，股指有连续数据，容易呈现。而房价数据波动滞后于股指数据但趋势一致，分别在2016年年中、2018年年中出现回落。

基于中国居民财富已有相当程度体现为资产性财富，资产缩水将拉低其消费水准，中国企业财富缩水则制约再投资行为，进而拖累经济增长。

表1　中美经济、美国政策与中国资产价格三阶段概要

阶段	时间段	美联储管理	政策管理	美元指数	美国经济	美国债收益率	中国股票资产	中国经济
第一阶段	2014年2~8月	QE	QE	下行		下行	上行	

续表

阶段	时间段	美联储管理	政策管理	美元指数	美国经济	美国债收益率	中国股票资产	中国经济
第二阶段	2014年8月至2015年4月	预期加息	QE退出预期	下行	2014年11月顶点	小幅下行	上行	2014年8月顶点
第三阶段	2015年5月至2016年2月	加息1次		上行		上行	大幅下行	回落
第一阶段	2016年6月至2017年3月	加息1次		下行		上行	上行	
第二阶段	2017年4～11月	加息3次	缩表预期	小幅下行		小幅上行	上行	2017年9月顶点
第三阶段	2018年1～12月	加息4次	贸易摩擦	上行	2018年12月顶点	上行	大幅下行	
第一阶段	2019年12月至2021年2月		大幅扩表	下行	低迷	下行	上行	
第二阶段	2021年2月至今	加息预期	本国刺激+攻击中国政策	目前波动	复苏	底部回升	目前波动	2021年2月顶点
第三阶段	2021年11月至今				估年底见顶			

如图6所示，近期中国资产、美元指数、美债收益率的走势呈现了与历史相同的对比关系，类似于2015年年中与2018年初。

这种趋势背离期间，新兴国家的调控政策面临两难。针对通胀若加息，则已然下行的经济会雪上加霜；但持续降息降准则难以抑制通胀，且会引发汇率贬值进而资金外流冲击本币资产价格，资产价格下降则居民消费和企业投资动力削减。

目前欧美经济复苏正当时，因此2021年中美经济趋势形成背离。美国再次推出大规模刺激经济政策，其超发的货币必将继续流向全球商品市场，推高资产价格，一旦美元进入加息周期，新兴国家的资产将再一次面临“收割”。最近，巴西、土耳其、俄罗斯面对输入性通胀和本币贬值被迫相继加息，其经济面临挑战。

2月以来中国股票资产价格回落；美国国债收益率见底回升、美

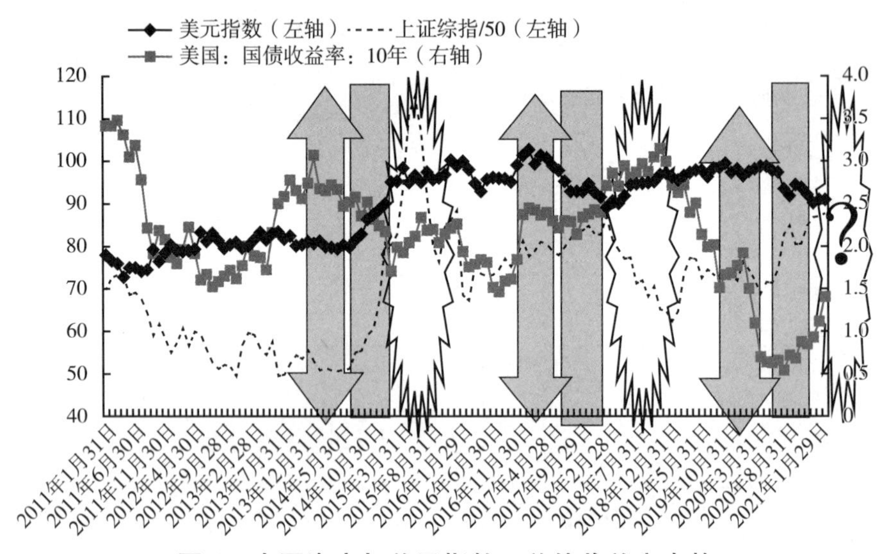

图6　中国资产与美元指数、美债收益率走势

国再度推出刺激政策，FOMC 会议上美联储大幅上调 2021 年经济预测值，加息点阵图的预测值也有所上移，这表明美元将强势回归；而鲍威尔与耶伦分唱鹰鸽“红白脸”的态度，历史上也曾经发生过，两人师出同门，谙熟如何影响市场情绪；同时美外交方面刻意营造反华排华氛围。

外围数据环境有些复现历史情形，正如美联储 2015 年 3 月开始强调加息周期、2017～2018 年加息 7 次同时加剧贸易摩擦，观察近期美国多种数据和新闻组合，历史操作或将重演，2021 年中国政府需要采取相应措施以防范风险。

三　应对2021年风险

经济下行周期中，各种风险暴露将加剧下行波动，若超跌则会影响增长潜力，所以需要提前防范和积极应对。2021 年是基钦周期下行开启，寡头化在下行周期时更为明显，杠杆率被迫高举，

2021 年尚无通胀压力但 2022 年难保平稳，外围多种打压不断加码。

第一，信用风险集中爆发。基本面中期和长期趋势都是释放风险的时段。寡头化加大信用违约风险，日前华北、东北等地国企违约事件引发多方关注。

第二，地方债务风险。2020 年，我国为救助企业发行了特别国债和专项债，整体负债率上升，2021 年信用债偿还压力较大，到期信用债 7.8 万亿元，较 2020 年上升 20%。另外，2021 年以来新增信用债 2.9 万亿元，腾挪空间趋紧。

第三，资产价格高位风险。目前，中国本币资产接连上涨，股票市场为 5 年新高；房地产市场涨价趋势也复现历史情形，从深圳到上海再到北京又走了个轮回，回到 2018 年高位；商品价格超过或接近于 2011 年高点，部分现货商品价格创历史新高。资产价格高位是周期顶点的标志，但越是高位其波动带来的冲击越大。

第四，金融风险加速经济下行。中国经济各部门债务多以房地产为抵押品，若房地产价格大幅下行，银行不良率升高，则会加大金融风险。金融风险传导到实体领域则会引发投资渠道不畅、科研投入减少、消费回落，进而加剧下行周期的波动。

在上述情境下，美国若不断释放“通胀升温加息周期即将开启”的信号，资本外流将无法避免，这将在一定程度上引发中国资产风险，对已经存在的债务、信用、资产价格风险而言都是加速器，需要谨慎应对。

总结过去的经验，2021 年下半年的宏观调控应更多结合欧美经济趋势及其货币政策，宽财政紧信用，有节奏地释放信用风险，相机宽松货币，跟紧美国变动释放中国经济信息，以免在背离期内中美资产和信用的利差加大、人民币资产被“收割”的风险增加。这一趋向持续到美国经济顶点过去即可。2020 年为应对疫情，我国发行债

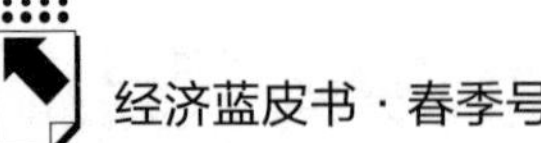

券时重点关注针对企业和居民的定向救助，如今对比美国，中央政府杠杆率较低，那么 2021 年经济维稳政策的空间较大。

第五，维持经济增速。扩大财政性投资是中国体制下的优选项，减税降费可促进消费，尽快推动欧盟协议与中欧投资协议的实质性落地，增加中国国际贸易份额。2021 年通胀可控，应以宽松货币政策支持基础建设。优化社会生产、消费中的细节管理，促进国内制造和消费。例如，细化免征关税商品规则，引入关键的免征商品或服务，但配套消费服务征收高级别税，以增加国内各种配套式商品服务的生产和消费。例如，国企改革快速推进，降低成本、增加利润；继续投入人力资本，改善就业，提高服务业增加值。

第六，维稳信用。建议定向缩紧贷款政策，抑制杠杆率继续上升。主动化解地方财政风险。为保证债务的连续性，一方面鼓励地方政府开源节流、国企增收，保证地方债务平台资金链不断裂；另一方面，主动释放企业债务风险，点式拆解或试做小额债务违约，但严防违约扩散；维持房地产价格稳定。在美国经济顶点过去之前，实施定向降准等货币政策，有利于债务展期、减缓资产价格压力。

长期来看应提高对通胀的容忍度，短期内可从供给端遏制价格快速上涨。我们认为，适度通胀是消化债务压力的舒适路径。短期策略包括：改善农副产品供应与流通状况，完善供应链，降低社会物流成本；降低电力、水力、通信服务等国有企业部门的收费标准，以降低企业成本。在经济周期回落阶段，加息等影响需求的措施的副作用较大，不宜考虑。

第七，加强预期管理。美联储能通过释放不同信号来影响市场，我国也可根据实际情况，学习美国政府的预期管理方式，释放对应的信息，与美国政策博弈。

综上所述，基本面存在诸多困难，叠加 2021 年中美经济背离期，应紧密跟踪美元指数和美国国债收益率趋势。先行扩大财政投资、引导消费、增加出口，严防债务信用风险蔓延，做好预期管理。必要时，可进行反常规操作，如降准、数量投放相结合以抬升定向利率、收缩新增贷款规模等宽货币紧信用组合，保持充裕货币量，化解风险隐患，为人民币资产的平稳创造环境。

B.9

增长的中国为疫情下世界发展带来新预期

杨宝荣　范　凯*

摘　要：　新冠肺炎疫情突袭而至，中国政府以举国之力迅速控制了疫情，推动生产生活秩序全面恢复，成为少数保持经济增长的主要经济体。在全球经济一片低迷的背景下，中国经济以一条振奋人心的“V”形反弹曲线，成为世界经济复苏的“火车头”。中国杰出的抗疫成绩为世界经济重启注入了强大动力。强有力的复工复产维护了全球产业链、供应链的稳定，为全球经济复苏奠定了重要基础。在疫情背景下，中国坚定推动“一带一路”建设，为沿线国家营造良好的合作环境，助力发展中国家走出疫情阴霾。中国政府根据国内外复杂经济形势审时度势推出“双循环”发展战略，在维持自身经济高质量发展的同时，也为世界经济带来了新的增长预期。

关键词：　经济复苏　“一带一路”倡议　“双循环”发展战略

---

* 杨宝荣，中国社会科学院西亚非洲研究所；范凯，中国社会科学院大学。

一 抗疫成效为世界经济重启注入动力

（一）四大力量支持中国经济率先复苏

根据国际货币基金组织总裁格奥尔吉耶娃所谈："IMF 预测中国经济将强势复苏，主要有三个原因：一是中国有效遏制了疫情的传播，二是政府公共投资巨大，三是央行提供了流动性"，再加上强劲的出口表现，中国经济在 2020 年初经历疫情冲击后迅速恢复。

首先，疫情突袭而至，中国采取行动快速控制住了疫情，是经济恢复增长的首要条件。其次，中国政府公共投资加大。为了应对疫情，中国加快推进项目的开复工，积极扩大有效投资，优化投资结构，尤其在公共卫生领域，国家发改委在 2020 年卫生领域中央预算内投资安排了 456.6 亿元用于支持全国 31 个省（自治区、直辖市），为在疫情防控常态化下加快推进生产生活秩序全面恢复提供了有力保障和支持。再次，疫情初期对经济运行造成严重破坏，为此，中国采取了非常具有针对性的经济措施，包括财政支出、扩张的货币政策以及具有针对性的纾困举措，支撑了中国需求过度下滑情况下的供给保障，同时我国居民有较高的储蓄率，一旦疫情得到有效控制，经济就会重新表现出活力。最后，中国出口的强力表现。中国 2020 年外贸数据显示，中国出口额增长 4%，说明作为拉动中国经济增长的"三驾马车"之一的出口仍旧动力十足，中国经济具有独特的制度优势，有完整的上、下游供应链，具备较强的抵御外界风险的应变能力，在国外疫情蔓延导致很多制造业生产都难以为继时，中国凭借着强大、完整、灵活的工业体系补上了该缺口，不仅满足了国内市场的需求，拉动了出口增长，也满足了国外市场的需求，为全球经济做出了巨大的贡献。

（二）中国经济的复苏动能

2021 年，消费结构持续改善，出口的支撑和周期性行业的复苏推动了中国经济的持续复苏。

首先，我国消费基本已经回归到正常水平，但消费结构仍然存在不平衡的问题，尤其是服务业的消费水平距离常态仍然有较大差距，具有恢复空间，同时服务行业的中小企业通过改善经营状况并且吸纳中低技能劳动力，可以促进核心 CPI 从底部逐渐回升。

其次，出口的大力支撑。在全球疫情形势仍然严峻的背景下，主要经济体产能不足，发达国家供给缺口仍然存在并且对中国出口形成强有力的支撑，拉动国内制造业的发展。虽然许多发达国家民众陆续接种疫苗，但疫苗作用的充分发挥仍需要既定的周期才能实现，在未来的两到三个季度内，该供给缺口仍然会存在。此外，发达国家生产能力会随着疫苗的普及及其防护作用的发挥而进一步提升，届时，中国的出口会出现收敛和波动。

最后，中国周期性行业缓慢复苏。例如，电子通信行业和汽车行业的走势方面，从同比数据来看，疫情对其并没有造成显著的冲击，5G 领域保持着高水平的增长（5G 基站相较于上年增长 11%）。而从以往的经验来看，这些周期性行业带来的复苏一般维持 6 ~8 个季度，因此按照目前的形势来讲，仍然有 3 ~4 个季度的复苏发力期。

（三）中国成为世界经济复苏和增长的引擎

自从全球新冠肺炎疫情大流行以来，各国采取的封锁与隔离等措施对经济造成了严重的冲击，使全球经济陷入了第二次世界大战以来最严重的衰退。根据国际货币组织 2021 年发布的《世界经济展望报告》，预计 2020 年全球经济萎缩 3. 5%，中国经济则将实现 2. 3% 的正增长（相比 2020 年 10 月预测值提高了 0. 4 个百分点）。

如何减小新冠肺炎疫情对全球经济造成的负面影响，尽快实现后疫情时代经济的复苏与增长，成为各国面临的首要任务。但中国经济在经历了最初的疫情冲击之后，从2020年第二季度起迅速恢复，走出了一条令人振奋的反弹“V”形曲线，成为全球唯一实现经济正增长的主要经济体，并在2021年延续了复苏态势。中国在经历了疫情冲击后成为世界经济增长动力最足的“火车头”，其中的原因值得分析和探究。

第一，中国经济长期以来的稳定增长为世界经济的复苏和发展提供了坚实的基础。改革开放以来，中国年均经济增速维持在10%左右，成为世界经济的主要拉动力量之一，即使是在2008年发生国际金融危机、世界主要经济体经济都出现相对衰退之后，中国经济仍然实现较快恢复并且保持相当高的增长速度。虽然近年来中国经济增速以中低速为常态，但依旧高于国际平均水平，经历疫情冲击之后，IMF预测2021年全球经济增速为5.5%，而中国的经济增速则达到8.1%。经济合作与发展组织（OECD）发布的报告预计，中国在2021年对全球的经济增长贡献将超过三分之一，成为拉动世界经济增长的主要引擎。

第二，中国复工复产有力地维护了全球产业链、供应链的稳定，为全球经济复苏奠定了重要的基础。中国在成功控制住疫情后，加快推进复工复产，生产经营活动和日常生活秩序得以快速恢复，为世界提供了强有力的供给，如在国际航班运行中，中国民航局采取“绿色通道”“点对点”等有效措施，保证国际航空的运输能力，为世界搭建了一条畅通的空中桥梁，对世界国际物流链条的稳定做出了巨大贡献。

第三，中国医疗队伍和医疗物资对外援助助力相关国家渡过难关。为了应对全球新冠肺炎疫情，面对医疗物资“全球告急”的情况，我国口罩产量迅速从日产800万只提高到日产过亿只，一系列的防疫物资不仅保障了国内的需求，而且源源不断地运输到相关国家，有力地支援了全球的抗疫行动。

第四，为世界提供了更为广阔的中国市场。2020 年前 11 个月，我国实际使用外资 8993.8 亿元，同比增长 6.3%，连续 8 个月实现了同比增长，同期我国外贸进出口总值达到 29.04 万亿元，同比增长 1.8%，增长明显。中国在外贸数据上的“双丰收”，是在疫情冲击下，就世界一些国家的单边主义、保护主义来说，中国经济开放的最有力说明。在国内疫情防控常态化背景下，中国在 2020 年举行了进博会、服贸会等，在全球经济低迷的情况下进一步打开国门，扩大合作，释放出对外开放的积极信号。正如习近平主席在服贸会期间所言：在特殊时期举办这样一场重大国际经贸活动，就是要同大家携手努力、共克时艰、共同促进全球服务贸易的繁荣发展，推动世界经济尽快复苏。俄罗斯科学院世界经济与国际关系研究所副所长罗马诺夫表示，中国倡导共同发展理念，提出力争将全球经济的蛋糕做大并由世界各国一起分享。显然，中国的发展理念有利于世界经济的复苏。后疫情时代，中国将继续提升全面开放的水平，推动形成国内大循环为主体、国内国外双循环相互促进的新发展格局，让世界共享中国产品、中国市场和中国渠道。

第五，优化外商环境，为外企在国内创造更多的投资机会。近年来，我国在外商投资领域不断提高开放水平，促进投资便利化。目前，我国已经初步形成了新型外商投资管理体制。《外商投资法》作为我国第一部外商投资领域统一的基础性法律，已于 2020 年 1 月起正式实施，充分体现了我国深入推进制度型开放的理念。2020 年 4 月 1 日起，证券公司外资股比例限制取消。2020 年 6 月 23 日，国家发改委、商务部对外发布了《外商投资准入特别管理措施（负面清单）（2020 年版）》和《自由贸易试验区外商投资准入特别管理措施（负面清单）（2020 年版）》，相比于之前的版本，2020 年版本中外商投资准入负面清单进一步缩减，不仅展现了我国对外开放和支持经济全球化的决心，也以实际行动表明中国以更高水平优化外商投资环境。因此，中国在世界银行《2020 年全球营商环境报告》中的排名从 2017 年的第 78 位跃升至第 31 位，连续两年进入全球营商环境改善最快的 10 个经济体之列，营商环境的改善进一步吸引了外商的投资，助力外国企业在疫情冲击下度过寒冬，逐渐步入正轨。

二　“一带一路”共同发展营造良好的合作环境

（一）“一带一路”倡议的自身合作属性

2000 多年前，中国的汉朝开辟了古丝绸之路，这一商业网络将亚欧大陆的两端联系起来。2013 年 9 月 7 日，中国国家主席习近平在哈萨克斯坦纳扎尔巴耶夫大学发表了题为《弘扬人民友谊 共创美好未来》的主旨演讲，正式提出了共同建设“丝绸之路经济带”的倡议。2013 年 10 月 3 日，习近平在印度尼西亚国会发表《携手建设中国—东盟命运共同体》演讲，其中提出共建 21 世纪“海上丝绸之路”的倡议，并倡议筹建亚洲基础设施投资银行。“一带一路”倡议为解决日益复杂的全球性问题提供了中国方案。这一倡议的践行给全球经济带来了持续的增长动力，包括增加投资、加强基础设施建设、促进产业合作等，促进了不同国家和地区之间的交流，塑造了更和谐的国际合作环境。

在世界经历百年未有之大变局叠加百年未遇之大疫情之际，世界经济面临着诸多不确定性。在欧美经济保守主义抬头、全球产业链和供应链加速重构的背景下，中国坚定地实施更大范围、更宽领域、更深层次的对外开放，为构建共建开放合作、开放创新、开放共享的世界经济注入正能量。共建“一带一路”符合经济全球化、世界多极化、文化多样化的时代潮流，有利于弘扬开放共赢的国际合作精神，还有助于维护第二次世界大战以来形成的全球自由贸易体系和包容开放的世界经济秩序。践行“一带一路”倡议，一方面是为了中国更好地发展，另一方面也是为了让世界各国共享中国发展的机遇，共商、共享、共建的基本原则体现了“一带一路”倡议开放与合作的属性。

（二）共抗疫情，维护多边主义合作

“一带一路”倡议全面实施以来，受到了世界上大部分国家的关注和青睐。从“一带一路”倡议提出至今已经走过了七个年头。“一带一路”建设在政策沟通、设施联通、贸易畅通、资金融通和民心相通等方面成就卓著，形成了一系列合作理念和规范机制，推动“一带一路”沿线国家优势互补、联动发展。

尤其是2020年以来，面对新冠肺炎疫情的冲击和国际形势的突变，中国与“一带一路”沿线国家和地区守望相助，共抗疫情。中国政府以诚挚的热情和强大的实力赢得了世界上大部分国家的信任。截至2021年1月底，中国已经与171个国家和国际组织签署了205份“一带一路”合作协议。通过举办进口博览会、服贸会、广交会、中国—东盟博览会等经贸展会，有效促进了全球各国之间的经贸来往。在过去一年里，中国与“一带一路”沿线国家和地区的贸易总额持续增长，全年货物贸易额达1.35亿美元，同比增长0.7%，中欧班列开行班次超过1.2万次，同比增长50%，能够通往境外21个国家的92个城市。短短七年间，“一带一路”倡议的朋友圈越来越大，蓝图越来越明确，完成了从大手笔到工笔画的转型。“一带一路”这幅工笔画随着越来越多的国际参与者加入而描绘得更加精致。一大批重点项目的落地让“一带一路”沿线国家人民感受到了实实在在的好处，“一带一路”倡议能够带来切实发展的认识深入人心。

伴随着“一带一路”倡议的持续推动，各领域合作成果日渐丰硕，中国与“一带一路”沿线国家和地区的经贸关系日益紧密，合作共赢成为“一带一路”的主旋律。在“一带一路”沿线国家的共同努力下，一大批合作项目如雨后春笋般快速从图纸上变到了现实中。“一带一路”沿线国家在各领域的合作不断深入推进、扎根落地，取得了丰硕的成果。践行“一带一路”倡议不仅有利于中国的产业结构升级，而且有利于提高全球货物贸易一体化水平。它顺应了新时代经济全球化和区域经济一体化的潮流，通过打造贯通中蒙俄、新亚欧大陆桥、中国—中亚—西亚、中国—中南半岛、中巴、孟中印缅等区域经济走廊，给区域经济合作带来更多的机遇。七年来的生动实践已经证明，践行“一带一路”倡议是造福沿线国家人民的合作之路、发展之路。在逆全球化暗流不断涌现的背景下，“一带一路”倡议作为中国向世界提供的国际公共产品，不仅为世界经济复苏提供了强有力的支撑，还在贸易保护主义的阴霾下与各国人民共同营造了良好的合作环境。得益于“一带一路”倡议的实施，“一带一路”沿线各国贸易畅通，与此同时中国通过推动人民币的跨境使用和国际化，促进全球贸易与投资。人民币的跨境使用，有利于减少交易双方对于美元的依赖程度，能够降低交易成本，同时还能为人民币的国际化拓展更广阔的空间。此外，中国成立了丝路基金，为“一带一路”沿线国家的互联互通提供支持，并且牵头成立了亚洲基础设施投资银行，不断助力亚洲的基础设施建设。

“一带一路”倡议是中国为应对国际金融危机而提出的全球经济增长方案，在七年的风风雨雨中表现出了极强的韧性，其中的根本原因是“一带一路”沿线各国从良好的合作环境中受惠。世界经济在疫情的冲击下遭遇了巨大挫折，大部分国家面临陷入经济衰退的风险。中国在抗疫情过程中成为稳定世界经济的中流砥柱，不断向外伸出援手。尽管受疫情的不利影响，但 2020 年中国对“一带一路”沿线国家和地区的非金融类直接投资仍然高达177.9亿美元，同比增长18.3%，“一带一路”沿线国家和地区工程承办完成营业额911.2亿美元。“一带一路”倡议在危难之中显出其强大的生命力，给疫情笼罩下的世界经济画板上增添了一抹亮色。2020年上半年中国与“一带一路”沿线国家和地区新签署的5000万美元以上的合作项目总计381个，项目总额890.3亿美元，一大批境外项目在疫情中稳步推进，中老铁路、雅万铁路等重大项目取得积极进展，这些合作项目极具韧性，为各国经济复苏带来了保障和希望。同时，在疫情下，中国充分彰显了大国担当，积极向“一带一路”沿线国家和地区提供口罩、防护服、医疗药品、疫苗等抗疫物资，帮助发展中国家尽快走出疫情的阴霾，恢复生产生活秩序。

如今，世界经济面临着贸易保护、产业链和供应链重构等多重挑战，但广大发展中国家表现出的经济韧性，对世界经济复苏起到了重要的支撑作用。2008年国际金融危机后，世界经济增长的主要动力从发达国家转向发展中国家，这一趋势十分明显。在“一带一路”倡议下，中国对非洲、东南亚、中亚、拉美等发展中国家集中的地区进行了大量投资，为发展中国家经济复苏做出了巨大贡献。世界银行研究结果显示，“一带一路”倡议将使“发展中的东亚及太平洋国家”的生产总值平均增加2.6%～3.9%。同时，“一带一路”倡议在完善沿线国家基础设施之外，还为当地带来了大量就业岗位，极大地提高了辐射地区的潜在贸易能力。据中国商务部统计，截至2018年，“一带一路”倡议下的合作项目给沿线国家和地区带来了超过20个工作岗位。以“工业园”模式为代表的产业结构转移在为当地提供工作岗位的同时，极大地提高了东道国的工业化水平。“一带一路”倡议的远景目标是联通世界主要地区经济板块的产业链，切实提高全球贸易一体化水平，真正造福全球人民，为打造人类命运共同体提供载具。中国推动“一带一路”倡议的决心在疫情之后变得更

加坚定，通过推动更大范围、更高水平、更深层次的区域经济社会发展合作的良好愿景逐步变为现实。“一带一路”倡议提出以来，共建“一带一路”国家和地区的合作实现了多元化发展。针对“一带一路”沿线国家和地区产业结构调整和供应链重组的客观现实，制造业、金融、通信、物流、农业等领域的合作增多，投资质量不断提高，并与“一带一路”沿线国家和地区自身的工业化、现代化发展规划有机结合起来，营造了良好的国际合作环境。

三　双循环预期为世界发展带来新的增长点

（一）国内超大规模市场给全球企业带来机遇

面对百年未有之大变局下国内外复杂、严峻的经济形势，党中央高屋建瓴，创造性地提出了“以国内大循环为主体、国内国际双循环相互促进”的双循环发展战略。习近平总书记在参加全国政协十三届三次会议经济界委员联组会时强调，要把满足国内需求作为发展的出发点和落脚点，加快构建完善的内需体系，逐步形成以国内大循环为主体、国内国际双循环相互促进的新发展格局，培育新形势下我国参与国际合作和竞争新优势。习总书记的讲话为新时期中国更高水平的改革开放指明了方向，中国更加坚实稳固的协调发展势必将为世界经济发展带来新的增长点。

近十年来，中国对外投资脚步不断加快，成为全球对外投资总量增速最快的国家。但是最近一段时间，受疫情冲击和西方贸易保护主义的影响，中国对外投资受到了明显的掣肘。在这个关键的时间节点，党中央及时调整发展战略，力求形成我国参与国际合作和竞争的新优势，这不仅为中国发展开辟了新路子，也为世界经济发展增添了新动力。中国内需消费不断增长所创造的巨大市场对于世界经济而言是一个新的增长点。中国拥有超过 14 亿人口，人均国内生产总值已经突破 1 万美元，中等收入群体约有 4 亿，是全球最大的消费市场之一。随着国民收入不断提高，人们对生活和服务有了更高和更多的要求，这意味着更多的机会、更广阔的市场空间，在双循环背景下，这对国内国际所有企业而言都是巨大的机遇。

（二）国内国际双循环为全球贸易增添动力

以国内大循环为主体并不意味着中国将忽视国际市场和国际合作，相反，是要依托中国市场，充分激发内需增长潜力，使国内国际两个大市场更好地联通，两个市场之间的资源得到更好的协调，实现更加有效率的可持续发展。这是中国谋求经济高质量发展的必经之路，也是世界经济再平衡的客观要求。国内大循环和国际大循环并不是孤立存在的，国内大循环是国际大循环的重中之重。平衡内需和外需是构建双循环战略的重中之重，以国内大循环为主体并不表明中国要减少国际循环，相反，双循环战略是要通过提升国内循环来塑造更强大的国际循环。国内大循环越顺畅，越能形成对全球资源要素的引力场。中国的双循环战略就是要将国内大循环深刻融入国际大循环，促进国际大循环的更好发展，发挥国内循环对国际循环的推动作用，形成双轮驱动的态势，这是双循环战略的核心。国内需求升级将进一步推动中国供给侧结构性改革。建立更加完善的供给体系不仅是中国未来发展的需求，同时也是推动国际大循环的重要一环。在双循环战略布局下，中国对外投资将更重视产业链的整体协调性，强调国际合作对国内实体经济的促进效用，对外投资结构将进一步转型升级，带来新的增长点。以信息基础设施、融合基础设施、创新基础设施为主体的新基建是推动国内大循环的重要力量，也是中国对外投资的新方向。与传统的基础设施投资相比，以人工智能、大数据、区块链、生物医药为代表的新基建更有助于推动生产力发展，能够为国家经济培

育中长期的增长动力。新基建的蓬勃发展，不仅顺应了新一轮科技革命的浪潮，促进了中国的生产和消费，也有利于重构全球产业链、供应链和价值链，重塑世界经济版图。双循环战略的首要推动力就是创新，而中国的创新能力提升对于重塑全球产业链和供应链、促进全球贸易有重要意义。在中国相关企业进入国际市场时，相关高端制造和数字经济等新兴产业将成为世界经济新的强劲引擎。

双循环战略的核心不是“内”“外”之别，而是双向循环。这就要求中国推动更高水平的对外开放，打造国际合作和竞争的新优势。中国将依托超大规模的市场优势，积极扩大进口，主动拓展进口渠道，创新进出口贸易模式，通过举办进口博览会吸引更多优质的外国商品走入中国消费者的视野。针对服务业降低外资准入门槛，缩减外商投资准入负面清单，加大知识产权保护力度，不断优化营商环境，以更好的政策吸引高质量的外资企业。这对世界上所有想分享中国发展红利的企业而言都是巨大的机遇。中国维持国际产业链、供应链稳定的努力，将促进国内国际市场有效联通。中国还将加快构建和巩固国内国际双循环的开放平台，坚持以互利共赢的开放姿态践行“一带一路”倡议，以海南自贸港为标杆，不断建设一批高水平对外开放的自贸试验区。基于这些对外开放的高地促进国际贸易发展，推动营商环境不断优化，深化双边、多边、区域层面的多领域合作。目前，中国已经设立了包括北京自贸区在内的21个自贸区，这些自贸区在促进国际贸易便利化方面发挥着重要作用，是推动全球贸易的重要支点。这些改革开放的新高地不仅是国内国际双循环的重要交集点，也是世界经济增长的新动力。

（三）中国积极参与和维护国际大循环，为世界经济寻找新的突破口

国内国际“双循环”意味着中国将在全球范围内拓展更大的发

展空间，利用良好的国际经贸合作、友好的外部国际市场为国内大循环主体营造良好的外部环境。中国将通过“一带一路”倡议为世界经济提供一个互利共赢的发展模式，努力营造出一个友好的国际环境。中国积极参与和维护国际大循环，通过扩大内需，在延伸国内产业链、供应链的同时，不断促进国际生产，为发展中国家填补了市场空间，在单边主义和疫情肆虐的关键时刻促进了世界经济发展，彰显了大国的责任和担当。在双循环战略的大背景下，中国对外投资将结合自身需要和东道国的诉求，更多集中在通信网络、电商物流、生物医药等技术密集型产业上，不仅实现对外投资的技术升级，也将会帮助东道国实现产业升级，为世界经济创造新的增长点。

截至2020年，中国已经是欧盟、日本、东盟等120多个国家和地区最大的贸易伙伴，是许多国家最大的出口对象国。双循环战略下，中国着眼于以“外”促“内”，需要重新审视对外的经贸关系，通过与重要经贸伙伴建立更高水平的投资协定，实现双赢合作，为世界经济的发展奠定基石。近年来，中欧全面投资协定、区域全面经济伙伴关系协定等双边和多边协定的不断推进不仅为中国营造了良好的投资环境，也为域内国家创造了巨大的发展机遇。这些投资协定的签署，不仅有助于发展多边开放型的世界经济，也对深化区域经济一体化、重塑全球供应链、稳定世界经济产生了积极影响。在后疫情时代，全球产业链、供应链势必回到正轨，中国与世界其他国家之间仍有着巨大的投资合作空间，餐饮、旅游、新能源汽车、人工智能等新兴产业的国际合作不仅将造福各国人民，还将为世界经济带来新的增长点。

B.10
2021年日本经济复苏将呈双底结构

金柏松*

摘　要： 疫情冲击世界各国经济，日本经济表现更为脆弱，不仅经济复苏乏力，而且为长期发展积累了巨大风险。在日本最需要改革实现翻身时，安倍首相前后两次执政两次离职，虽任期期间最长，却错失良机。走马灯般轮换的政治人物，使得未来日本经济将以防控风险为主线，勉力维持。

关键词： 经济复苏　双底结构　日本经济　日元汇率　日本股市

2019年10月至2020年6月，日本经济连续三个季度负增长，标志着经济复苏自2013年春季至此已经结束，转而进入新一轮衰退。这轮日本经济复苏尽管周期长，但安倍执政的经济政策目标没有一个实现。首先承诺削减财政赤字在2015年减半，2020年实现基础收支平衡，没有兑现；其次制定经济发展战略与结构性改革，实现名义经济年均增速3%，没有兑现；最后摆脱通缩，实现通胀预期目标2%，落空；承诺在2020年实现经济规模扩大到600万亿日元，结果以539.3万亿日元收场。经测算即便没有疫情冲击，假定日本经济保持常规增

---

* 金柏松，商务部研究院研究员。

速，日本前首相安倍600万亿日元的经济政策目标也将落空。或许有人认为，毕竟安倍首相执政实现经济复苏时间长度超越小泉时代，安倍政府功劳是主要的。这样的狡辩其实是苍白无力的。因为在这段时期恰逢世界经济处在复苏周期，世界各国经济或多或少都有所增长，不用说安倍任首相执政，即便是日本历史上平庸的首相执政同样能实现增长，实现长期复苏。

安倍辞职首相过于及时，似乎转眼之间日本经济就再次陷入衰退。更确切地说，这是宏观经济短时间较强反弹，然后在新一波疫情冲击下再次转弱。2021年初，由于日本东京及一些重要地方提高了疫情防控级别，消费市场受到沉重打击。根据统计，日本超市购物及专卖店家电销售量从1月开始下降，汽车销售增速转为下降，乘坐新干线人数2020年12月至2021年2月中旬呈下降趋势，餐饮业在2021年1月至2月中旬出现大幅下滑。消费在日本经济中占比约60%，足以影响日本经济全局。因此，有必要对2021年日本经济预测做些调整，进行全面梳理，尤其需要提醒人们对日本的经济风险保持警觉。

一　三大负面因素叠加，复苏周期完结

（一）三大因素叠加

首先，2019年第四季度日本经济出现下行趋势，这是因为安倍首相决定从2019年秋季起提高消费税至10%。尽管日本政府早有预防措施，以尽可能减缓因提高消费税率而带来的负面影响，但消费者还是以减少消费来否定了加税政策。2019年日本经济第四季度出现负增长，年化率下降7.2%，下降幅度之大出乎安倍政府意料，可谓政策失误。

其次，2020 年全球经济遭遇新冠肺炎疫情冲击，第一季度日本经济与全球经济一样出现负增长。

最后，第二季度全球经济出现悬崖式下跌，日本经济遭遇重创。

政策失误、疫情冲击、外需大减三因素叠加，日本经济进入深度衰退。

（二）政府对策

2020 年第二季度日本政府防控疫情的初期颇见成效，加上临时拯救经济政策力度空前，两次政策投入规模合计 234 万亿日元，相当于 2019 年度日本经济规模的 40% 以上，且从政策研究到付诸行动速度空前。2020 年第三季度日本经济急速回升，年化率增长 22.9%。根据国际货币基金组织 2020 年 10 月发表的报告，日本政府两次救助经济的计划，可拉动 2020 年日本经济多增长 11.3%。综合疫情冲击与政策托市结果，2020 年日本经济增长 -5.3%，与欧盟经济萎缩 7.1% 相比，日本的状况还算不错。

8 月 28 日，日本经济复苏、增速大幅回升，外加疫情第二波已走向平缓而第三波疫情还不明确之际，安倍首相以身体健康状况恶化为由果断辞职。

随后菅义伟成为新一代日本首相。可生不逢时，日本疫情第三波来临，且疫情扩散速度与规模远超第一、第二波，猛烈地冲击着日本经济。政府不得不再次升级防控措施。特别是英国变异病毒传到日本，传播速度加快，死亡率升高。

2019 年第四季度经济增速显著放缓。首相菅义伟先是在 2020 年 9 月抛出刺激经济的计划，鼓励“去旅游，去消费”，却因疫情失控而不得不暂停；又于 2020 年 11 月 10 日下令研究第三次追加预算与 2021 年度预算一体化编制的政策，制定从 2021 年 1 月至 2022 年 3 月财政预算计划，重点是在疫情后鼓励个人消费，拯救服务业，鼓励发展绿色产业，目标是将2021年度经济增长率提高到潜在水平，刺激规模大致相当于日本经济的3%。这剂“处方”散发出“有病乱投医”的味道，与安倍首相救助经济方案相比，其规模上可谓杯水车薪，且仅仅强调绿色经济。从救助经济角度分析，在疫情第三波冲击下，刺激消费不可行，刺激投资没前景，基础设施已经完善，刺激出口？对美国不敢扩大出口，对欧盟没增长空间，而中国是唯一可以见到希望的市场。但日本政府未能为企业找到合作良机。

（三）2020年日本经济增速

根据日本政府2021年3月发布的全年及第四季度经济信息，政府下调了2月15日公布的数据，2020年日本经济同比增长从-4.5%下调至-4.8%。这与国际货币基金组织在2021年1月发表的预测值，即-5.1%十分接近。两者差距主要是国际货币基金组织对于日本政府前三次刺激方案下的个人消费评估略有不足。按照季度数据分析，日本第四季度经济保持增长，环比增长11.7%，主要是因为日本出口、企业投资有较大幅度的增长，但并没有延续第三季度的强势复苏势头。

通览全球，2020年在疫情冲击下，日本经济出现衰退但经济状况并非特别差，其间某个季度经济出现大幅萎缩也不稀奇，需要注意的是日本经济以往积累了很大风险，如今风险又上一个新的等级，在世界经济发展史中留下一个值得深刻研究的命题。

二　2021年日本经济不确定性和高风险增加

（一）按照日本医学协会定义，日本医疗体系崩溃

日本第三波疫情显示，2021年1月日本多地不得不再次宣布采

取紧急事态措施，疫情防控措施提高至最高等级。其间日本新增病例本应该去住院接受治疗却因没有床位而只能在家医治，这等于听天由命，医院接纳病例数量已达到极限。日本医学协会将这一现象定义为医疗体系崩溃。截至2021年3月27日，日本累计新冠肺炎患者数量达到46.5万，居世界第39位。从每日新增病例数量变化趋势分析，2月下旬日本新增病例达到新的峰值，随着防控措施的成效显现，新增病例数量转为逐渐下降，3月22日下降至日新增821人。3月22日，东京都及附近三县宣布解除紧急状态。但不承想解除信息刚发布，宫城县就出现了大量新增病例，大阪府情况也不乐观。2021年3月26日日本每日新增病例再次达到2月峰值水平。

日本政府称从2月下旬开始大规模推进疫苗接种工作。基于各国抢先接种疫苗的情况，日本在购买疫苗、普及接种等方面慢于美国、欧洲。日本官方负责疫情防控部门厚生省担忧流行于欧美的变异病毒会引发新一波疫情，为此，日本疫情何时清零还难以回答。

（二）一季度经济重要数据再次恶化

鉴于日本第三波疫情的影响，日本经济复苏正在遭受二次冲击。据统计，1月日本综合经理人订货指数为47.6，2月为48.2，连续两个月在50以下，表明经济转为下行。具体从日本消费数据来看，一是超市营业收入减少，二是餐饮营业收入大幅下降，三是住宿业收入大幅下降，四是交通业乘客大幅减少。从制造业来看，日本制造业经理人订货指数2020年12月为50.0，2021年1月为49.8，2021年2月为51.4，保持上升趋势。这主要得益于中国的外部需求强劲。2021年1月日本出口增长6.4%，2月下降4.5%，1~2月日本对中国出口均保持大幅增加。综合上述分析，预计第一季度日本经济将再次出现负增长。日本大和综研甚至预测2021年第一季度日本经济将环比年率下降5.1%。至此，日本经济于2020年上半年和2021年第一季度短时间内两次触底，经济学上称为“双底结构”。

未来如何？假定第二季度日本疫情出现反复，将为消费市场增添新的不确定性，其影响将延续至第三季度。第四季度日本经济有望随世界经济同步复苏。展望全年，国际货币基金组织预测日本将实现经济增长3.1%，低于欧元区的4.2%，更加不及美国的经济增速。这反映日本经济体制僵化、内需不足等根深蒂固问题始终存在。

菅义伟任首相支持率正在大幅下滑。以经验判断，这届政府执政能否超过一年已成疑问。假如在关键时刻日本政局再次动荡，日经济复苏将再添更多不确定性。进一步分析，即便日本选出新的政府，或是再次采取大规模救助措施，或是要求央行配合实行无边际量宽政策，其边际效应也是越来越弱的，徒增风险而已。

（三）日本国债、股市、汇率三大风险急速上升

1. 关于日本国债负担率

2019年底日本国债负担率大约为200%，多年来居发达国家之首。截至2020年12月，据日本财务省统计，按照IMF口径国债余额达到1246.5万亿日元，至2021年度包括第三次补充预算，将增至1326.5万亿日元。相较于2020年日本经济名义规模539.1万亿日元，国债负担率将大幅增加至231%，估计2020财年将达到约246%，再创新高。日本国债负担率早已超越所有经济模型的安全标准，2021年国债规模在高风险区继续高攀。

2. 日本央行风险

首先，日本央行从2000年开始实施量宽政策，逐步购进日本政府国债，随后逐渐加量，特别是从2013年起，为配合安倍经济政策，国债年度购买上限一直提升，从40万亿日元、50万亿日元、60万亿日元、80万亿日元直至2020年4月决定无限量购买日本国债，达到

疯狂的地步。央行所谓的量宽政策已经不是救助经济的临时之举了，而是常态化、长期化之举，等于与政府串通，公开、严重违背经济安全规则，扭曲市场经济。央行持续大量购买政府国债，还大胆全包、托底，有意压低国债债息为负，如今已经彻底解脱了日本政府偿债付息负担。据日本央行统计，2020 年底央行持有日本国债规模达到 664 万亿日元。从趋势和政策判断，日本央行未来还将大量增持。这相当于日本央行已经与政府串通，协调运行，陷入同样一个巨大风险的陷阱，且难以自拔。其次，日本民间部门主要是金融机构，如各大财团银行在大规模购买、持有日本国债，表现出官民协调一致的特征，但日本民间金融机构购买国债变得越来越慎重，却从未抛售。最后，日本家庭金融资产特点主要是持有现金，且老人持有现金比重较高。这些人生活节俭，不会过度消费，具有非凡的爱国情怀，不会挤兑银行，不会对抗政府，其存在日本金融机构的巨额资金，被认为是做出沉默的贡献。这等于在纵容日本央行、民间金融部门与政府继续以往的做法，导致风险加剧。

3. 日本股市

据日本生命基础研究所的信息，日本央行自 2010 年起一直在购买 ETF（股票交易所交易基金）和 REIT（不动产信托基金），并在 2020 年 11 月成为日本股票最大所有者，持日本股票的总价值攀升至 45. 1 万亿日元。同时日本政府养老投资基金（Government Payment Investment Fund）持日本股票的价值为 44. 8 万亿日元，居第二位。日本央行和政府养老投资基金合计购买股票价值占总市值的 14. 5%。由于市场认定日本央行托市，同时日本政府养老投资基金作为世界第一大基金，资金实力雄厚，两者齐发力大量购买，具有多倍放大的影响力，即“坐庄”的影响力。这导致日本股市不断高涨，已经连续多日突破 3 万点大关。但遗憾的是，央行常态化、大规模投入，加上政府养老投资基金投入已经造成诸多后患。一是金融市场被扭曲，市场优胜劣汰的调节机制遭到严重破坏，日趋僵尸化。二是两者占总市值比重太高，退出时容易引起股市暴跌。三是假如央行接盘，掩护政府养老投资基金退出，将进一步影响日元汇率的稳定性。四是日本股市泡沫较大。与日本经济潜在增长率相比，2020 年日股市的市盈率达到 22 倍，而 2020 年 9 月 1 日，美道琼斯平均为 26 倍。相比之下，日本央行测算日本经济潜在增长率为 0.9%，美国经济潜在增长率为 1.9%，高出日本 1 倍有余。如对美日两国经济名义增长进行比较，两者差距更大。换句话说，日本股市的市盈率正常水平应是美国的一半。进一步分析，当前美国多数研究机构认为，美国股市的市盈率偏高，存在泡沫，相比之下，日本股市的泡沫更为严重。

4. 日元汇率潜在危机

2013 年 4 月日本央行实施大规模货币宽松政策，大量购买日本国债，其资产负债表迅速扩大，2018 年持有国债规模甚至超过日本 GDP，2020 年底达到 698 万亿日元，约是 2020 年日本经济规模的 1.3 倍。按照市场经济规律判断，日本央行大规模发行货币，大规模常态化购买国债早已经威胁到日元汇率。再加上日本央行还在大量、长期、常态化购买股市基金，违反市场经济规律，扭曲了市场，必将进一步威胁日元汇率。众所周知，各国央行资金来源于印刷，印刷货币不创造价值，日本央行却用印刷的货币每日大量购买有价证券，这意味着日本有价证券的价值每日都在被稀释，日本所有的资产、财富都在贬值。

（四）日本经济风险何以维持至今未爆发危机？

首先，需要回答的是日元为何能保持长期稳定，甚至有时还在升值？

从基本面来分析，原因如下。

（1）2019 年日本经常项目顺差为 20.0597 万亿日元。其中，商品贸易方面，进口减少 5.6% 至 75.5622 万亿日元，出口下降 6.3% 至 76.1157 万亿日元，顺差减少 53.8%，为 5536 亿日元，折合约 53 亿美元。2020 年日本贸易出口 68.4 万亿日元，进口 67.7 万亿日元，顺差 6747 亿日元，略有增加。

（2）服务贸易方面，2019 年由于入境游带动旅游收入增加、日本企业在海外的研发和咨询费用减少，日本服务贸易收支状况明显改善，顺差额达 1758 亿日元。这是日本首次在全年统计中出现服务贸易顺差。顺差主要来源于中国游客入境消费大幅增加，其在日本全部旅游收入中约占 40%，服务贸易项下的旅行收支创出历史新高。2020 年受疫情冲击，到日本旅游人数大幅减少，服务贸易再次出现 3.54 万亿日元逆差。

（3）国外投资收益依然是日本经常项目顺差的最主要来源，2019 年日本国外投资收益为 20.72 万亿日元，约合 1973 亿美元，相当于日本经济名义规模的 3.7%。2020 年日本外国投资收益 20.72 万亿日元。在日本经济萎缩 4.8% 的情况下，外国投资收益对日本经济的支撑作用尤其明显。

以上这些基本因素对日元汇率有较大支撑。

从日本国内分析，日本政府、央行、民间部门早已认识到假如这场大危机爆发，彼此关系必然是：一荣俱荣一损俱损，日本全国官民已经协调一致，举国团结一心保证稳定，保证不去诱发危机。这从日本的价值观里我们不难找到依据。

从国际关系分析，日元汇率政策基本是追随美国。例如 2013 年安倍上台实施“三支箭政策”，其中以诱导日元贬值抬高日本通胀预期为政策目标，就因安倍事前取得美时任总统奥巴马同意，表态支持，才在当年 G20 会议上得以通过。事实上，美国当时正集中精力引爆欧债危机，无暇顾及日本。所以美国力排众议，认为政策在于诱导国内通胀，摆脱通缩不在于日元贬值，不属于“竞争性货币贬值”。日本汇率政策追随美国，得以在美国保护之下保持稳定。如今，拜登政府上台，耶伦财长主张按照市场供需调节美元强弱。而美元市场运行恰好进入贬值周期。所以，未来汇率市场将出现美元持续贬值、日元持续升值趋势。暂且不提日元升值，不利于日本扩大出口、制造业复苏。未来日本经济将再次进入强日元、弱复苏的格局，再次停滞发展也未可知。最主要的是美元指数长期下跌过程中一旦超预期，如跌到前期低点 70 时，市场就会出现失控局面。不排除美国转变立场“丢卒保车”，抛出“日元危机论”。届时美国有一百个理由诱导市场抛出日元，以转移视线，暂时保住美元。美国使日元汇率保持稳定的战略可以称为“养痈治痈”，即放纵日本的潜在危机，等到风险足够大且时机足够成熟，就会果断出手，届时，不仅日元大跌，日本股市、日本国债都将同步暴跌。

三　结论

基于以上分析，年内日本政府或许会采取新的救助措施，却无法改变经济复苏过程曲折、风险增加、增速缓慢的事实。

感慨于 2007 年安倍第一次执政，在 2013 年第二次执政时如能致力于改革，在内部改革日本政治、经济体制中根深蒂固的问题，在外部及时调整中日关系，与中国开展全面、深入的战略性合作，日本经济或有机会彻底翻身。可惜安倍任职期间大部分经济用在“地球仪外交”，对中国采取打压政策。直至安倍任内制定新的发展战略，提出借助举办奥运会，拉动日本经济进入“10 年黄金成长期”。这样的发展战略，需要中国游客配合促进日本消费，于是 2018 年底安倍巧妙地采取一些措施，主动表达欲缓和中日关系，以期可以蒙混过关。可惜一场疫情冲击，安倍首相的盘算落空。从历

史角度分析安倍首相错过了改革，错过了与中国开展合作的好时机，也错过了日本经济彻底翻身的机会。后疫情时代，日本经济经过短暂复苏后，将进入僵化时期，年均经济实际增长率不及1%。未来日本政府、企业、金融界、家庭等将面对巨大风险，其只能团结一心勉力维持，却再无翻身之日。经济学的规律预示日本的危机总有爆发之时。

Abstract

2021 is the first year of the "14th Five-Year Plan" . It is also the year of transition towards the second century of the goal of achieving the eradication of absolute poverty, building a moderately prosperous society in all respects, and building a modern and powerful socialist country. The successful research and development of vaccines and the widespread use of vaccines, as well as the continuous enrichment and improvement of prevention and control measures, have gradually brought the negative impact of the sporadic domestic epidemic under control. However, the global epidemic, especially the negative impact brought about by the widespread spread of the delta mutant virus, and the inflation caused by the issuance of US dollars, still make the global economy very uncertain.

In the first half of 2021, the global economy continues its recovery momentum, commodity prices remain high, China's import and export growth rate has further increased, the trade surplus is higher than expected, and the economy is vulnerable to external shocks. Once external demand is significantly weakened, my country's economy may face greater downward pressure , Is not conducive to the formation of a new development pattern.

China's financial stability in 2020 will be better than that of the world and better than market expectations. External uncertainty in 2021 will bring more challenges to China's financial stability and financial security. The implementation of the US average inflation target system may trigger inflation risks. The US debt market, global debt risks, and important international financial market dynamics may make China's financial Stability faces major risks, and at the same time it may have resonance effects with internal factors.

It is expected that China's economy will grow by about 8.5% in 2021, continue to maintain medium-to-high speed growth, and achieve a good start to the "14th Five-Year Plan". The proportion of the added value of the tertiary industry continues to increase, and the growth of fixed asset investment and consumption has rebounded. However, the overall domestic demand is weak and the endogenous motivation for economic growth is insufficient. To promote domestic demand and enhance the endogenous driving force of economic growth, the continuity of policies should be maintained, forward-looking, and support should be appropriately increased. Coordinate the relationship between development and security, speed up the industrial chain to make up for shortcomings and forge longboards, pay attention to the coordination of fiscal, currency, real estate regulation, ecological environmental protection and other policies, and focus on solving the practical difficulties of small and micro enterprises. Take multiple measures to continuously optimize the consumption environment, make full efforts to continuously boost consumer confidence, accelerate the improvement of the consumption promotion system and mechanism, further stimulate the consumption potential of residents, accelerate the release of rural consumption potential, promote the comprehensive revitalization of rural areas, and accelerate the exploration and cultivation of digital consumption. Enhance new momentum for economic development.

In 2021, China's fiscal policy needs to continue to implement a proactive fiscal policy, maintain a moderate policy intensity, further optimize the structure of fiscal expenditures, and effectively improve the efficiency and use efficiency of fiscal resource allocation, and strengthen policy targeting through targeted and precise measures. The taxation policy is gradually shifting to improving the reform of the taxation system.

Maintain a reasonable abundance of total liquidity in the banking system and a balance of supply and demand in terms of maturity allocation, improve the countercyclical effectiveness of the monetary policy portfolio, and guide the effective allocation of financial resources and support the real economy.

Keywords: The Novel Coronavirus Pneumonia Epidemic; Economy Growth; Financial Stability; The Real Economy

Contents

I General Report

Abstract: 2021 is the first year of the "14th Five-Year Plan", the year of the start of the "2035 Vision", and the year of transformation of the two centenary goals. With the successful development and use of vaccines, as well as the continuous enrichment and improvement of epidemic response measures and experience, the negative impact of the epidemic will be gradually controlled. In 2021, the global economy will have a high probability of recovering growth, the international market demand will gradually recover, and consumer confidence Continuously improve.

It is estimated that China's economy will grow by about 8. 5% in 2021, and the growth rate will rebound by 6. 2 percentage points from the previous year. It will achieve a good start to the "14th Five-Year Plan" and continue to maintain a moderate and high-speed economic growth range.

It is expected that the proportion of the tertiary industry's added value will continue to increase in 2021, the growth rate of fixed asset investment and consumption will both rebound sharply, the growth rate of imports and exports will further increase, and the trade surplus will be basically stable; the CPI will fall and the PPI will rebound. The scissors difference between the two will be somewhat Reduced, and residents' income increased steadily.

In 2021, China's fiscal policy needs to continue to implement a proactive fiscal policy, maintain a moderate policy intensity, Continue to adjust and guide the total amount of money and credit, actively play the role of structural tools of monetary policy, maintain a reasonable abundance of total liquidity in the banking system and a balance of supply and demand in term allocation, and improve the countercyclical effectiveness of the monetary policy portfolio. Guide the effective allocation of financial resources and support the real economy. Take multiple measures to continuously optimize the consumption environment, make full efforts to continuously boost consumer confidence, accelerate the improvement of the consumption promotion system and mechanism, further stimulate the consumption potential of residents, accelerate the release of rural consumption potential, promote the comprehensive revitalization of rural areas, and accelerate the exploration and cultivation of digital consumption.

Ⅱ Macroeconomy Operation Reports

B.2 The Monitoring, Analysis and Forecasting of Economic and Price Situations in 2020 -2021

Chen Lei, *Zhu Wenjie and Meng Yonggang* / 028

Abstract: In 2020, the national economy has entered a rapid recovery track since the second quarter after the unprecedented impact of the COVID-19 epidemic, the economic growth has entered the expansion period of a new short-cycle, and has returned to the "normal" in November. The economic growth in 2021M1 and M2 has obviously been higher than that before the epidemic, reflecting that the national economy has basically returned to normal, but the recovery on the demand side is weaker than the supply side. Affected by the base, the quarterly growth rate of GDP and other major indicators in 2021 will show a pattern going from high to low. It is predicted that the annual GDP growth rate will be about 9.3% and the two-year average one will be about 5.8%, while the annual inflation rate will be about 1.2%. Macroeconomic policies should maintain continuity, stability and sustainability, continue to ensure "six priorities" and "six stability", and balance the economic recovery and risk prevention.

Keywords: Business Cycle; Economic Situations; Inflation; Monitoring and Early Warning

B.3 Research and Judgment on the Operational Trends and Risks of my country's Consumer Market in 2021

Song Yi, *Liu Yanfang* / 055

Abstract: In 2021, my country's economic and social development will enter the post-epidemic era. Driven by policy guidance, innovation drive and potential release, the consumer market's recovery process is in line with expected levels, and indicators in key areas are trending upward, marking the beginning of the "14th Five-Year Plan" Established a solid foundation for a steady start in the first year. On the other hand, we should take a correct view of the low base effect behind the rapid growth of consumption indicators, be alert to the lagging impact of the new crown pneumonia epidemic, and prevent and resolve potential risks that hinder the high-quality development of the consumer market.

Keywords: Household Consumption; Consumer Market; Commodity Consumption

B.4 The Evolution of China's Financial Risks: Challenges and Responses

Zheng Liansheng / 071

Abstract: The prevention and resolution of systemic financial risks is the eternal theme of financial work. The global pandemic of the new crown epidemic in 2020 has caused turmoil in the global financial market, increased volatility in the domestic financial market, and faced greater pressure on financial stability. The domestic macro leverage ratio has risen sharply, especially the local government leverage ratio has risen rapidly. The vulnerability of the domestic stocks, bonds and small and medium-sized banking systems has increased. At the same time, the real estate financial bubble in some cities is still serious. Due to the relatively strong epidemic prevention and control and economic recovery, China's financial stability in 2020 will be better than that of the world and better than market expectations. External uncertainties in 2021 will bring more challenges to China's financial stability and financial security. The implementation of the US average inflation targeting system may trigger inflation risks. The US debt market, global debt risks and important international financial market dynamics may make China's financial stability possible. Faced with major risks, at the same time, resonance effects may occur with internal factors. In order to effectively prevent and control risks and ensure financial stability and financial security, it is necessary to consolidate economic fundamentals, seize key risk links, deepen the reform of the financial regulatory system, implement high-level financial opening up, improve the financial system's resilience and resilience to risks, and hold on to failures. The bottom line of systemic financial risks.

Keywords: Financial Risk; Spillover Effects; Systemic Risk

Ⅲ Comprehensive Analysis Reports

Abstract: Urbanization is the key to build a complete domestic demand system. According to the logical sequence of "what, why and where", this paper reviewed firstly China's urbanization process. Through multi model comparison, it was predicted that China's urbanization rate would reach 67.21% in 2025, with huge domestic demand market potential, and made a benchmarking study with the five developed economies. Then, it constructed a theoretical model of two regions, two elements and two departments to analyze the theoretical mechanism of urbanization and expanding consumption and investment. Using the panel data of the whole country and 31 provinces, this paper analyzed the relationship between urbanization and consumption and investment. Urban agglomeration is the main form of China's regional space in the future. The main area of domestic demand market should be composed of core urban agglomeration with strong attraction, close economic and social ties and bearing future leading industries. Based on the urban population flow, the degree of economic and social connection within the urban agglomeration and the layout characteristics of artificial intelligence related enterprises, it was judged that the main area of the domestic demand market in the 14th five year plan period would be composed of five urban agglomerations such as Beijing Tianjin Hebei, the Yangtze River Delta, the Great Bay area of Guangdong, Hong Kong and Macao, Chengdu and Chongqing and the middle area of the Yangtze River. This spatial pattern has the advantages of "large dispersion and small aggregation", and was the key support area for building China's domestic demand market.

Keywords: Urbanization; Domestic Demand Market; Main Regions

Abstract: The Beijing-Tianjin-Hebei coordinated development strategy is a major regional development strategy in my country. It is not only an important measure to achieve coordinated regional development, but also a major deployment to achieve the "two centenary" goals. The coordinated development of Beijing-Tianjin-Hebei is of great significance. At the same time, it shoulders the dual mission of "balance" and "development. ", Where "coordination" is the means and "development" is the goal. In response to the complex domestic and international environment, my country has made a major strategic decision to accelerate the construction of a new development pattern. The coordinated development of Beijing-Tianjin-Hebei should actively adjust and make achievements under the new development pattern. In view of this, this chapter will sort out the background of the coordinated development strategy of Beijing-Tianjin-Hebei from the perspective of regional development strategy evolution, clarify the overall positioning and spatial layout of the coordinated development of Beijing-Tianjin-Hebei, and systematically analyze the status quo and problems of the coordinated development of Beijing-Tianjin-Hebei. The future trend of the coordinated development of Beijing-Tianjin-Hebei will be explored.

Keywords: Regional Economy; Beijing-Tianjin-Hebei; Coordinated Development Strategy

B.7 Investigation and Analysis of Small and Medium-sized Enterprises Facing the New Stage and New Pattern

Luo Zhi / 136

Abstract: my country's economy has shifted to a stage of high-quality development, and the reform tasks in key areas and key links are still arduous. In the new stage of development, to accelerate the formation of a new dual-cycle development pattern, we must adhere to the strategic direction of supply-side structural reform. The key is to stimulate new growth momentum through innovation and continuously stimulate new vitality in the market through deepening reforms. Small and medium-sized enterprises are the most dynamic and innovative entities in the market. They are also an important foundation for my country's economic resilience. They are also the main force in securing employment and a key link in enhancing the stability and competitiveness of the industrial chain and supply chain. In 2021, the global epidemic will continue, and the economies of various countries have not yet recovered. The impact of the new round of technological and industrial changes combined with the impact of the epidemic has accelerated the "shuffle" of small and medium-sized enterprises. Many domestic small and medium-sized enterprises are facing the dilemma of market uncertainty, market weakness and lack of core competitiveness. Through the "Small and Medium-sized Enterprise Operation Status" questionnaire survey, it analyzes the distribution of relevant samples, the operation of enterprises, the difficulties they are facing, and the expectations of enterprises on government services and favorable business policies, which provides strong support for promoting the healthy development of small and medium-sized enterprises and building a new development pattern.

Keywords: SMEs; Private Entrepreneur; Preferential Policies

Ⅳ International Background Reports

Abstract: After 2010, China's economic growth has continued to decline. This trend is the inevitable result of Manufacturing 4.0, and it is also a requirement for economic efficiency improvement. In 2021, the economic cycle trend between China and the United States may show a divergence, and the policies of both sides will have an important impact on global economic trends. The current global economic development is at a specific risk stage, and the pressure from the US policy is superimposed, and the domestic economy should focus on economic risk management. The central government proposes inter-cyclical adjustment. We believe that in 2021, we should play a game with US policy in many aspects, implement proactive fiscal and loose money, appropriate reverse regulation, strengthen anticipation management, and manage credit and price risks. Macro-control policies can partially improve the performance of fundamentals.

Keywords: Risk Management; Oligopoly Game; Anticipatory Management; Reverse Regulation

B.9 Growing China Brings New Expectations for World Development Under the COVID-19

Abstract: Since the outbreak of the new crown epidemic, the Chinese government has quickly controlled the spread of the epidemic with a nationwide effort and promoted the full restoration of production and living order. It has become one of the few economies that maintain economic growth under the impact of the epidemic. In the context of the global economic downturn, the Chinese economy has become the "locomotive" of the world economic recovery with an exciting V-shaped rebound curve. China's outstanding anti-epidemic effect has injected strong impetus into the restart of the world economy. The strong resumption of work and production has maintained the stability of the global industrial chain and supply chain, laying an important foundation for the recovery of the global economy. Against the background of the epidemic, China firmly promotes the "Belt and Road" initiative, and continues to create a good cooperation environment for countries along the route to help developing countries get out of the haze of the epidemic. The "double-cycle" development strategy launched by the Chinese government based on the complex economic forms at home and abroad, while maintaining the high-quality and sustainable development of its own economy, has also brought new growth expectations to the world economy.

Keywords: Economic Recovery; One Belt and One Road; "Dual Cycle" Development Strategy

Abstract: The epidemic has hit the economies of all countries in the world, but Japan's economic performance is more fragile. Not only is the economic recovery weak, but it also accumulates huge risks for long-term development. When Japan most needed reform to achieve its turnaround, Prime Minister Abe resigned from office twice before and after he took office. Although the term of office was the longest, he missed the opportunity. The politicians who rotate in a revolving way will make Japan's economy the main line of risk prevention and control in the future, and strive to maintain it.

Keywords: Economic Recovery; Double Bottom Structure; Japanese Economy; Yen Exchange Rate; Japanese Stock Market

皮书

智库报告的主要形式
同一主题智库报告的聚合

❖ 皮书定义 ❖

皮书是对中国与世界发展状况和热点问题进行年度监测，以专业的角度、专家的视野和实证研究方法，针对某一领域或区域现状与发展态势展开分析和预测，具备前沿性、原创性、实证性、连续性、时效性等特点的公开出版物，由一系列权威研究报告组成。

❖ 皮书作者 ❖

皮书系列报告作者以国内外一流研究机构、知名高校等重点智库的研究人员为主，多为相关领域一流专家学者，他们的观点代表了当下学界对中国与世界的现实和未来最高水平的解读与分析。截至 2021 年，皮书研创机构有近千家，报告作者累计超过 7 万人。

❖ 皮书荣誉 ❖

皮书系列已成为社会科学文献出版社的著名图书品牌和中国社会科学院的知名学术品牌。2016 年皮书系列正式列入“十三五”国家重点出版规划项目；2013~2021 年，重点皮书列入中国社会科学院承担的国家哲学社会科学创新工程项目。

中国皮书网

（网址：www.pishu.cn）

发布皮书研创资讯，传播皮书精彩内容
引领皮书出版潮流，打造皮书服务平台

栏目设置

◆ **关于皮书**

何谓皮书、皮书分类、皮书大事记、皮书荣誉、皮书出版第一人、皮书编辑部

◆ **最新资讯**

通知公告、新闻动态、媒体聚焦、网站专题、视频直播、下载专区

◆ **皮书研创**

皮书规范、皮书选题、皮书出版、皮书研究、研创团队

◆ **皮书评奖评价**

指标体系、皮书评价、皮书评奖

◆ **皮书研究院理事会**

理事会章程、理事单位、个人理事、高级研究员、理事会秘书处、入会指南

◆ **互动专区**

皮书说、社科数托邦、皮书微博、留言板

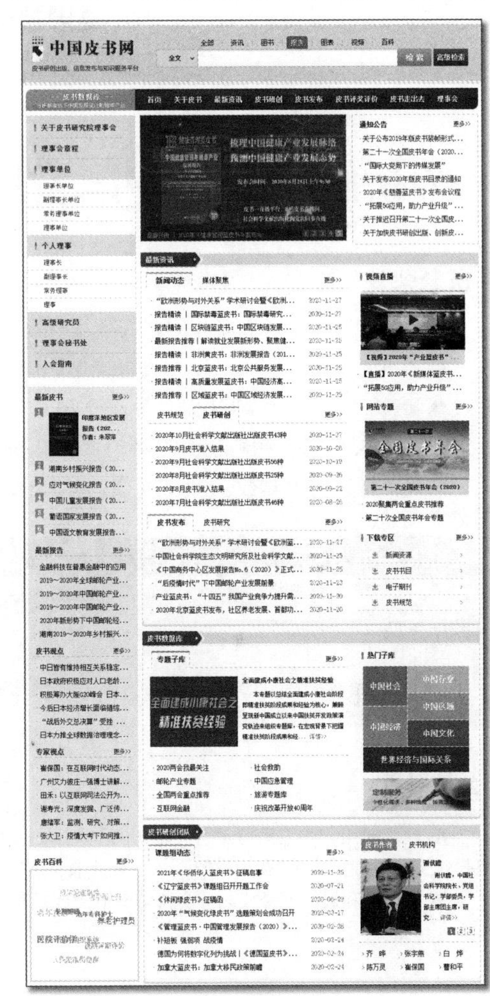

所获荣誉

◆2008 年、2011 年、2014 年，中国皮书网均在全国新闻出版业网站荣誉评选中获得“最具商业价值网站”称号；

◆2012 年，获得“出版业网站百强”称号。

网库合一

2014年，中国皮书网与皮书数据库端口合一，实现资源共享。

中国皮书网

S 基本子库
UB DATABASE

中国社会发展数据库（下设 12 个子库）

整合国内外中国社会发展研究成果，汇聚独家统计数据、深度分析报告，涉及社会、人口、政治、教育、法律等 12 个领域，为了解中国社会发展动态、跟踪社会核心热点、分析社会发展趋势提供一站式资源搜索和数据服务。

中国经济发展数据库（下设 12 个子库）

围绕国内外中国经济发展主题研究报告、学术资讯、基础数据等资料构建，内容涵盖宏观经济、农业经济、工业经济、产业经济等 12 个重点经济领域，为实时掌控经济运行态势、把握经济发展规律、洞察经济形势、进行经济决策提供参考和依据。

中国行业发展数据库（下设 17 个子库）

以中国国民经济行业分类为依据，覆盖金融业、旅游、医疗卫生、交通运输、能源矿产等 100 多个行业，跟踪分析国民经济相关行业市场运行状况和政策导向，汇集行业发展前沿资讯，为投资、从业及各种经济决策提供理论基础和实践指导。

中国区域发展数据库（下设 6 个子库）

对中国特定区域内的经济、社会、文化等领域现状与发展情况进行深度分析和预测，研究层级至县及县以下行政区，涉及省份、区域经济体、城市、农村等不同维度，为地方经济社会宏观态势研究、发展经验研究、案例分析提供数据服务。

中国文化传媒数据库（下设 18 个子库）

汇聚文化传媒领域专家观点、热点资讯，梳理国内外中国文化发展相关学术研究成果、一手统计数据，涵盖文化产业、新闻传播、电影娱乐、文学艺术、群众文化等 18 个重点研究领域。为文化传媒研究提供相关数据、研究报告和综合分析服务。

世界经济与国际关系数据库（下设 6 个子库）

立足“皮书系列”世界经济、国际关系相关学术资源，整合世界经济、国际政治、世界文化与科技、全球性问题、国际组织与国际法、区域研究 6 大领域研究成果，为世界经济与国际关系研究提供全方位数据分析，为决策和形势研判提供参考。

法律声明